高职高专汽车专业视频图解创新教材

视频图解
新能源汽车构造与原理

陈新亚 编著

《视频图解新能源汽车构造与原理》以图解的方式介绍了纯电动汽车、混合动力汽车、插电式混合动力汽车以及燃料电池汽车的基本构造与原理,包括电机、动力蓄电池、控制器、混合动力模块等总成的构造与工作原理。书中更以较大篇幅图解介绍了主流新能源汽车的构造。另外,本书还介绍了电动汽车的购买、驾驶及养护知识。

《视频图解新能源汽车构造与原理》适合新能源汽车相关专业学生、汽车行业从业人员、新能源汽车车主等阅读使用。

图书在版编目(CIP)数据

视频图解新能源汽车构造与原理 / 陈新亚编著. — 北京:
机械工业出版社, 2020.9(2023.6重印)
高职高专汽车专业视频图解创新教材
ISBN 978-7-111-66504-5

Ⅰ. ①视… Ⅱ. ①陈… Ⅲ. ①新能源-汽车-构造-高等职业教育-教材 Ⅳ. ①U469.7

中国版本图书馆CIP数据核字(2020)第169571号

机械工业出版社(北京市百万庄大街22号 邮政编码100037)
策划编辑:李 军   责任编辑:李 军 谢 元
责任校对:孙 鹏   封面设计:马精明
责任印制:张 博
北京建宏印刷有限公司印刷
2023年6月第1版第6次印刷
184mm×260mm・7.5印张・184千字
标准书号:ISBN 978-7-111-66504-5
定价:49.90元

电话服务   网络服务
客服电话:010-88361066   机 工 官 网:www.cmpbook.com
         010-88379833   机 工 官 博:weibo.com/cmp1952
         010-68326294   金 书 网:www.golden-book.com
封底无防伪标均为盗版   机工教育服务网:www.cmpedu.com

前言

《电动汽车为什么会跑》出版后很受欢迎,已成为了解新能源汽车构造与原理的经典入门书。鉴于这几年新能源汽车技术的巨大进步,在补充和更新一些内容后,《电动汽车为什么会跑》又以《视频图解新能源汽车构造与原理》为名出版,相信可以满足读者的更多需求。

目前的新能源汽车主要是指电动汽车。而电动汽车上至少有一个可以为驱动轮提供动力的电机。因此,本书将电机构造与原理及其控制技术作为重点内容之一进行讲解。

从结构上讲,纯电动汽车是新能源汽车中最简单的,而插电式混合动力汽车则是最复杂的,它实际上是将纯电动汽车和燃油汽车的两套动力系统组合在一起,是对技术要求最高的新能源汽车。因此,混合动力技术及相关知识也是本书的重点内容。

《视频图解新能源汽车构造与原理》是一本面向新能源汽车相关专业学生、汽车从业人员、电动汽车和混合动力汽车车主、汽车爱好者的图书。本书力图用通俗的语言和简明的图片,画解新能源汽车的基本构造与原理,让读者明白新能源汽车为什么会跑,并了解新能源汽车的主流技术和特点,掌握新能源汽车的驾驶技巧和保养方法。本书还以市场上的主流新能源汽车为例,进行解剖式的示范说明,从而保证本书拥有极高的实用性和通用性。

《视频图解新能源汽车构造与原理》内容严谨而通俗,丰富而简明,希望您喜欢。

270963083@qq.com

目录 CONTENTS

前言

引言 新能源汽车何时"接棒" 1

第1章 新能源汽车 3

第1节 新能源汽车的来历 3
第一辆电动汽车 3
第一辆电动四驱汽车 3

第2节 谁是新能源汽车 4
纯电动汽车 4
为什么电动汽车中的电动机被称为电机 4
普通混合动力汽车 5
电动汽车上电缆的颜色 5
插电式混合动力汽车 6
燃料电池汽车 7

第2章 电动机 8

第1节 谁发明了电动机 8
法拉第发明了电动机 8
法拉第又发明了发电机 8

第2节 电动机有哪些类型 9

第3节 谁发明了交流电动机 10

第4节 交流电动机的构造是怎样的 11

第5节 异步电动机是怎样产生动力的 12

异步电动机有什么特点 13

第6节 永磁同步电动机是怎样产生动力的 14
永磁同步电动机有什么特点 15

第7节 直流电动机是怎样工作的 16
定子磁场的产生 17
无刷直流电动机 17

第3章 电动机控制 18

第1节 电动机有什么特点 18

第2节 为何电动机的初始转矩极大 20

第3节 谁来决定电动机的转速 21
异步电动机的转速与谁有关 21
永磁同步电动机的转速与谁有关 22

第4节 怎样调节电动机的转速 23

第4章 动力蓄电池 24

第1节 动力蓄电池的组成是怎样的 24

第2节 为什么动力蓄电池需要管理系统 25

第3节 为什么要选用锂离子蓄电池 26
锂离子蓄电池是怎样产生电能的 26
锂离子蓄电池与锂蓄电池一样吗 27
锂离子蓄电池有什么特点 27

第5章 纯电动汽车 28

第1节 为何纯电动汽车的构造更简单灵活 28

目 录

第2节　纯电动汽车有哪些主要总成　30
第3节　纯电动汽车是怎样奔跑的　32
第4节　变换器起什么作用　33
第5节　电控系统起什么作用　34
第6节　纯电动汽车是怎样变速的　35
第7节　纯电动汽车是怎样制动的　36
第8节　纯电动汽车是怎样回收能量的　37
　为什么电机既可充当电动机又能充当发电机　37
第9节　纯电动汽车怎样为车内提供冷风　38
第10节　纯电动汽车怎样为车内提供暖风　39
第11节　特斯拉 Model S纯电动汽车图解　40
第12节　奔驰EQC纯电动汽车图解　42
第13节　奔驰B级纯电动汽车图解　44
第14节　宝马i3纯电动汽车图解　46
第15节　奥迪e-tron 纯电动SUV图解　48
第16节　奥迪R8 e-tron 纯电动跑车图解　50

第6章　混合动力汽车　52

第1节　混合动力汽车是咋"混"的　52
　轻混合动力——不能纯电行驶，电机只起辅助作用　53
　重混合动力——纯电续驶里程长　54
　并联式混合动力——1台发动机+1台电机　54
　串联式混合动力——1台发动机+1台电机+1台发电机　56
　混联式混合动力——1台发动机+1台电机+1台发电机　57

第2节　动力模块P1、P2、P3是什么　58
　电动在混合动力系统中的作用总是处于下风　58
第3节　混合动力模块有哪些形式　59
　混合动力模块之一：单电机+离合器　60
　混合动力模块之二：单电机+行星齿轮机构　61
　混合动力模块之三：双电机+行星齿轮机构　62
　混合动力模块之四：1电机+2速变速器+离合器　64
第4节　丰田普锐斯混合动力汽车图解　65
　丰田普锐斯混合动力汽车工作流程示意图　66
第5节　奔驰S400 混合动力汽车图解　68
第6节　雪佛兰迈锐宝混合动力汽车图解　70

第7章　插电式混合动力汽车　72

第1节　谁是插电式混合动力汽车　72
　并联式插电混合动力汽车　72
　混联式插电混合动力汽车　73
第2节　插电式与非插电式有什么区别　74
第3节　单电机插电式混合动力汽车　75
第4节　双电机插电式混合动力汽车　76
　双电机两驱车型　76
　双电机四驱车型　76
　双电机的优点　77
　双电机的缺点　77
第5节　三电机插电式混合动力汽车　78

奥迪A7 Sportback燃料电池汽车动力系统	106
谁在制约燃料电池汽车的发展	106

第9章　电动汽车驾驶与维护　108

第1节　怎样驾驶电动汽车　108
怎样使用电动汽车　108
怎样起动和驾驶电动汽车　108

第2节　怎样为电动汽车充电　109
电动汽车的快充和慢充分别需要多长时间　109
什么时候为电动汽车充电比较合适　109
怎样给电动汽车充电　109
车辆是否每天都需要充电　111
雨天出行要注意什么　111

第3节　怎样维护电动汽车　112
冬天和夏天开空调行驶，续驶里程是否会减少　112
堵车会不会影响电动汽车的续驶里程　112
车辆行驶中没电时怎样拖车　112
续驶里程与停车时显示的里程数不一致是否正常　112
使用电动汽车会触电吗　113
怎样对车辆进行日常维护　113

第4节　怎样选购新能源汽车　114
厂商和品牌　114
技术和性能　114
销量和价格　114

第6节　上汽荣威插电式混合动力汽车图解　79
第7节　奥迪A3插电式混合动力汽车图解　80
奥迪A3 插电式混合动力汽车动力系统　82
奥迪A3 插电式混合动力汽车动力蓄电池构造图　83
奥迪A3 插电式混合动力汽车动力蓄电池冷却系统　84
奥迪A3 插电式混合动力汽车工作流程图　85
第8节　宝马i8插电式混合动力汽车图解　86
第9节　奔驰S500插电式混合动力汽车图解　88
第10节　雪佛兰沃蓝达插电式混合动力汽车图解　90
雪佛兰沃蓝达插电式混合动力汽车动力系统　92
雪佛兰沃蓝达混合动力系统工作流程图　93
第11节　奥迪Q7插电式混合动力汽车图解　95
奥迪Q7 插电式混合动力汽车动力系统　96

第8章　燃料电池汽车　98

第1节　谁是燃料电池汽车　98
第2节　燃料电池汽车是怎样奔跑的　99
燃料电池汽车为什么要装备蓄电装置　99
第3节　燃料电池是怎样发电的　100
为什么叫"燃料电池堆"　100
第4节　丰田Mirai燃料电池汽车图解　102
Mirai转身变成微型发电站　102
第5节　奥迪A7 Sportback燃料电池汽车图解　104

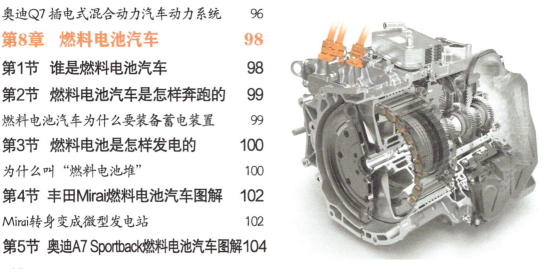

引 言

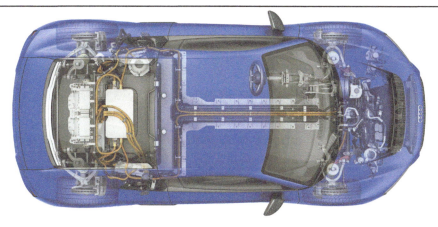

引言 新能源汽车何时"接棒"

这几年新能源汽车越来越受欢迎，各种新能源汽车展和电动汽车展纷纷登台，很多国家不断加大发展新能源汽车的力度，我国也早已成为新能源汽车产销世界第一大国，甚至有关部门准备制定燃油汽车的退出时间表了。种种迹象表明，我国政府已下定决心要把新能源汽车推广开来，以让更多的新能源汽车进入百姓家庭，最终实现新能源汽车替代传统燃油汽车。那么，现在适合购买新能源汽车吗？新能源汽车何时真正替代燃油汽车？

在回答这些问题之前，咱们一起回顾130多年前吧。那时，爱迪生刚刚发明了电灯，这虽然为人类带来了空前的光明，对石油业却是个不小的打击。当时石油的用处还不是很多，而煤油灯是石油的主要终端消费方式之一。电灯的发明无疑影响了石油业的财路，致使以炼煤油起家的石油大亨洛克菲勒想方设法打压电灯的发展，到处宣扬电灯和电带给人们的危险。然而，技术进步的车轮谁也阻挡不了，电灯终于替代了煤油灯。

然而，后来尼古拉·特斯拉又发明了交流电，这对爱迪生的直流电又构成了威胁。于是乎，爱迪生又像洛克菲勒当初打压电灯的发展那样打压特斯拉的交流电的发展，公开表演怎样用交流电来电击致死一头大象，甚至为监狱制作了一把交流电的电椅，用来电击死刑犯。然而，相对于直流电，特斯拉发明的交流电在传输中的能耗更小，可以传输更远的距离，成本更低，其应用也更广泛。技术进步的车轮谁也阻挡不了，交流电替代了直流电。

那么，新能源汽车是当今的"技术进步代表"吗？它终将替代燃油汽车吗？想必多数人都会认可这个看法，因为石油终有耗尽的一天，燃油汽车终会无油可加，汽油车和柴油车都将进入历史博物馆。然而，新能源汽车的发展需要一个过程，而且是一个很长、很艰难的过程，就像当初电灯替代煤油灯、交流电替代直流电那样，因为要想成为不可阻挡的"技术进步代表"，必须在功能性、便利性和经济性三方面,都要表现出明显的优势来。

仔细分析一下几乎所有的技术进步,包括电灯替代煤油灯、交流电替代直流电、汽车替代马车、手机替代座机、微信替代短信等,都是在功能性、便利性和经济性方面表现出明显优势后,才实现了真正超越和替代的。那么,相对燃油汽车,新能源汽车的这三大性能表现目前又怎样呢?

功能性——与燃油汽车相比,新能源汽车的装载能力、舒适性能、动力性能都不差,甚至在起步和初加速方面表现出比燃油汽车更优秀的性能,因为电机在开始起动的瞬间就能输出最大转矩。但新能源汽车的一大短处是"持久能力"不够,也就是续驶能力较差,短者一二百千米,长者也就四五百千米,因此新能源汽车更适合在城区行驶,而在长途行驶时会让人患上"里程焦虑症"。结论:在功能性方面,新能源汽车的表现还稍微落后,还需要在电池能量密度等技术上有所突破。

便利性——新能源汽车的主要短处就是充电不太方便。不仅充电桩不好找,而且充电时间较长,远没有到加油站加油方便和省事。其实建充电桩完全是管理和政策的因素,国内的充电桩数量每天都在增长,现在新建的写字楼和小区住宅的地下车库已出现越来越多的充电桩,这也正是促进新能源汽车销量不断增长的主要因素。结论:在便利性方面,新能源汽车的表现暂时落后,期望政府和社会继续努力。

经济性——现在购买新能源汽车的政府补贴都很高,一些新能源汽车的最终实际价格只是比同级别的燃油汽车稍高或相当。新能源汽车在行驶中所消耗的电费,相对燃油汽车的油费还要低。新能源汽车的维护费用则比燃油汽车低很多。也就是说,新能源汽车现在是买着贵、用着便宜。结论:在经济性方面,新能源汽车的表现稍稍占先。

通过上述分析可知,为什么新能源汽车还不能成为车市的主流?因为它在功能性、便利性和经济性三大性能方面还没有占到绝对优势;为什么新能源汽车的销量增长很快,因为它在这三大性能方面也有自己的特点和优势,而且总体表现越来越好。不论怎样,新能源汽车正慢慢向我们驶来,电动时代离我们越来越近。历史进步的趋势不可阻挡。

第1章 新能源汽车

第1节 新能源汽车的来历

现在所谓的新能源汽车，是指使用石油能源之外其他能源的汽车，主要指以电能作为动力源的汽车，如纯电动汽车、燃料电池汽车及插电式混合动力汽车等。

第一辆电动汽车

其实电动汽车算不上"新能源"汽车，因为在燃油汽车发明之前，电动汽车就已出现。曾有人将1834年美国人托马斯·达文波特（Thomas Davenport）研制的直流电动汽车称为世界第一辆电动汽车。当时他使用干电池作为车辆的动力源。这种电池不能充电，只能一次性使用。因此，人们并不称之为真正的电动汽车。现在人们更多是将法国人古斯塔夫·特鲁夫（Gustave Trouve）称为电动汽车的真正发明人。1881年，他发明了用可充电铅酸蓄电池作为能源的电动汽车，与现在电动汽车的工作原理更相似。1881年

1881年，法国人古斯塔夫·特鲁夫（1839—1902）组装了第一辆电动汽车

古斯塔夫·特鲁夫用于第一辆电动汽车上的直流电动机

8月，在巴黎举行的国际电器展览会上，特鲁夫向人们展示了他发明的一辆电动三轮车、一艘电动船和一艘电动飞艇模型。电动三轮车和电动船都可以实际操作，其中电动三轮车还在大街上进行了行驶演示，当时人们看到这无马也无烟的三轮车都非常惊奇。这辆电动三轮车采用铅酸蓄电池和直流电动机，有效功率约为70W，最高车速达到12km/h。

第一辆电动四驱汽车

1900年，费迪南德·保时捷在巴黎博览会上展出了一辆四轮驱动的电动汽车。四个车轮上均装有轮毂电机，每次充满电可行驶80km，如左图示。

第2节 谁是新能源汽车

既然新能源汽车主要是指电动汽车,那么本书就以介绍电动汽车为主要内容。电动汽车是指以电力作为唯一或主要驱动力的四轮车辆。根据电力来源方式的不同,电动汽车主要分为纯电动汽车(包括太阳能汽车等)、插电式混合动力汽车和燃料电池汽车。

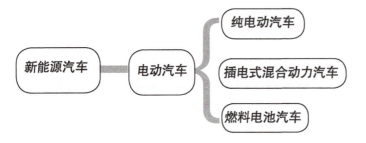

为什么电动汽车中的电动机被称为电机

电机是泛指能将电能转化为机械能、机械能转化为电能的机器。由于电动汽车中的电动机在主要起到驱动汽车行驶的作用外,还具有发电功能,故被称为电机。

纯电动汽车

纯电动汽车(Electric Vehicle)是指完全由动力蓄电池(如铅酸蓄电池、镍镉蓄电池、镍氢蓄电池或锂离子蓄电池等)提供动力的汽车。这些汽车完全由外接电源充电获得能量,当动力蓄电池能量耗尽时,汽车就不能继续行驶。代表车型:特斯拉Model S、北汽EU5等。纯电动汽车的详细介绍参见第5章内容。

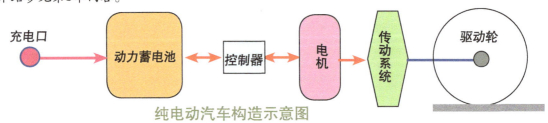

纯电动汽车构造示意图

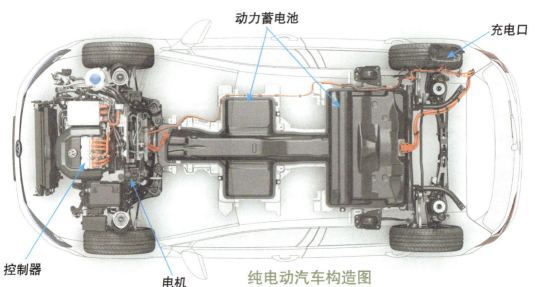

纯电动汽车构造图

普通混合动力汽车

混合动力汽车(Hybrid Vehicle)是指采用两种动力系统的汽车,现在一般是指油电混合动力汽车,即采用燃油发动机和电机两种动力系统的汽车。其中,不可以充电的混合动力汽车称为普通混合动力汽车,其电力只是来自于能量回收系统。代表车型:丰田双擎车型、雷克萨斯CT200h、奥迪Q5 Hybrid等。普通混合动力汽车的详细介绍参见第6章内容。

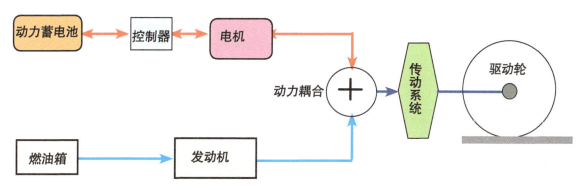

普通混合动力汽车原理示意图

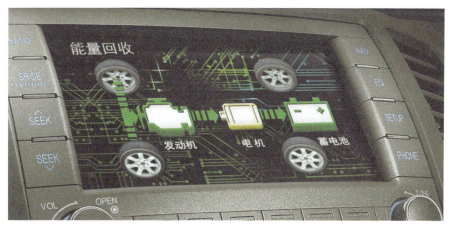

普通混合动力汽车能量流图

电动汽车上电缆的颜色

在电动汽车上,不仅有传统汽车上的12V低压电缆,还有用于电驱动系统的高压电缆。为了安全和使用方便,都将它们装在硬质绝缘管中,并用不同的颜色进行区分。

黑色、红色——12V低压电缆,一般用于车载电器,如音响、车灯和安全气囊等。人体接触它们没有危险。

蓝色、黄色——42V低压电缆,一般用于转向助力电动机。人体接触它们没有危险,但电路切断时会有电弧产生。

橙色——144~600V的高压电缆,一般用于动力系统供电线路。人体接触它们非常危险。

插电式混合动力汽车

　　插电式混合动力汽车(Plug-in Hybrid Electric Vehicle)是指可以充电的油电混合动力汽车。它不仅可以添加燃油，还可以使用外接电源为动力蓄电池充电，当然其自身的能量回收系统也可以为动力蓄电池补充电能。代表车型：高尔夫GTE、奥迪A3 e-tron、宝马i8等。插电式混合动力汽车的详细介绍参见第7章内容。

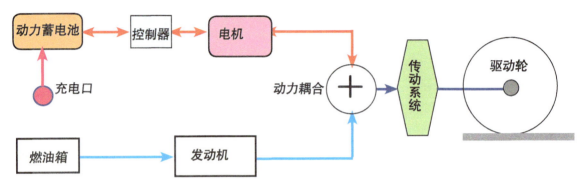

插电式混合动力汽车原理示意图

大众高尔夫GTE插电式混合动力汽车构造图

第1章 新能源汽车

燃料电池汽车

燃料电池汽车(Fuel Cell Electric Vehicle)只使用电机作为驱动汽车前进的动力装置,但它的电能不是通过外接电源充电获得的,而是利用一种可以实时发电的车载燃料电池获得的。现在的燃料电池汽车大都采用氢作为燃料,然后利用电解水的逆反应原理产生电能。只要能加注氢燃料,汽车就能继续行驶。代表车型:丰田Mirai等。燃料电池汽车的详细介绍参见第8章内容。

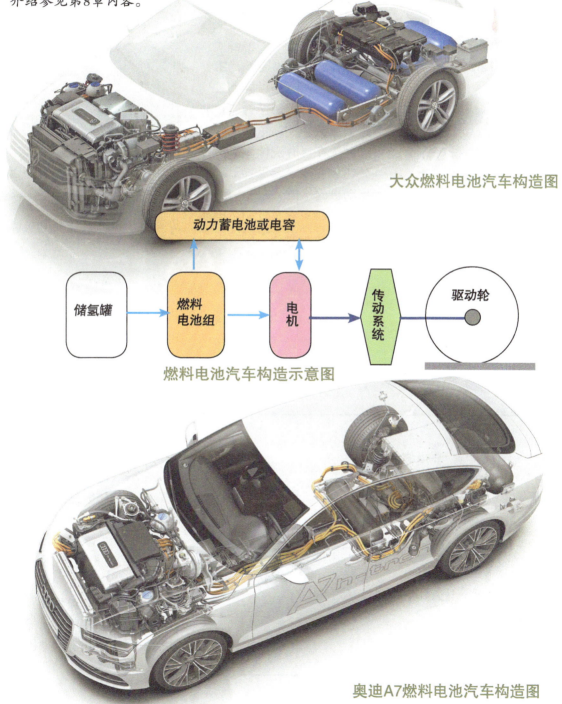

大众燃料电池汽车构造图

燃料电池汽车构造示意图

奥迪A7燃料电池汽车构造图

第2章 电动机

第1节 谁发明了电动机

说起电动机的发明,还要从英国伟大的物理学家、化学家迈克尔·法拉第(Michael Faraday,1791—1867)开始。

法拉第发明了电动机

1821年,法拉第受丹麦科学家汉斯·奥斯特一个发现的启发,发明了第一台电动装置。当时奥斯特发现,如果电路中有电流通过,它附近的罗盘磁针就会发生偏转。法拉第受此启发就设想,假如将磁铁固定起来,那么通电绕组就可能会运动。根据这种设想,他成功地发明了一种简单的电动装置。在这个装置内,只要有电流通过导线,导线就会绕着一块磁铁不停地转动。其实,法拉第发明的是第一台电动机,这是世界上第一台使用电流就能使物体转动的装置。虽然这个简单的电动装置在当时没什么实际用处,但它是今天世界上所有电动机的祖先。

法拉第只是发明了电动机,但并没有真正制造出实用的电动机,因为这个电动装置在当时并没有任何商业价值。

1832年,法国人希波利特·皮克斯(Hippolyte Pixii)根据法拉第把载流导线置于磁场中的合适位置就能

迈克尔·法拉第(Michael Faraday,1791—1867)

产生旋转运动的理论,制造出一台电动机,并于同年9月3日在巴黎科学院演示了电动机的工作原理,这便是电动机的首次公开亮相。

法拉第又发明了发电机

1831年,法拉第发现,当一块磁铁穿过一个闭合线路时,线路内就会有电流产生,这个效应叫电磁感应,产生的电流叫感应电流。根据这个实验,1831年10月28日,法拉第发明了圆盘发电机,该发电机虽然结构简单,却是人类创造出的第一台发电机。

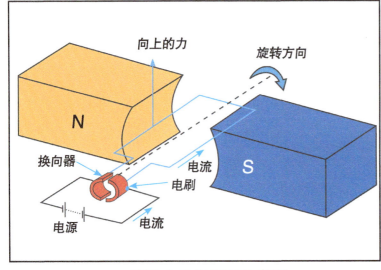

直流电动机原理示意图

第2节 电动机有哪些类型

电动机种类繁多,按工作电源不同,电动机可以分为直流电动机和交流电动机两大类。交流电动机按转子磁场与定子磁场的转速是否相同,又分为同步电动机和异步电动机两大类。

同步电动机又可分为永磁同步电动机、磁阻同步电动机和励磁同步电动机。

异步电动机又分为三相异步电动机和单相异步电动机两种。

电动汽车主要采用交流电动机,而且以永磁同步电动机和三相异步电动机两种交流电动机为主。本书也主要介绍这两种电动机的构造与原理。

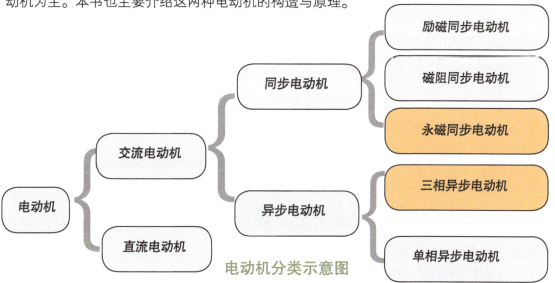

电动机分类示意图

交流电动机构造图

第3节 谁发明了交流电动机

现在电动汽车上最常用的交流电动机是尼古拉·特斯拉（Nikola Tesla，1856—1943）在1888年发明的，而在此前电动机都是直流电动机，运转时需要用电刷整流，因此会出现火花，安全性较差。

尼古拉·特斯拉出生于克罗地亚农村。1881年，他在匈牙利布达佩斯电报局工作时，利用业余时间研究困扰他很久的直流电动机的安全问题。1882年，在与朋友郊外散步时，特斯拉灵机一动，头脑中构思出一种全新的交流电动机模型：它完全不用电刷和整流子，转子不接电路而是悬空转动，使用交流电，无需整流，无火花，比原来的直流电动机更安全。因为它根据电磁感应原理制成，所以又称感应电动机。但他当时既无财力又无名望，无法造出样机，故交流电动机仍只是停留在设想上。

1884年，特斯拉带着一封推荐信和他的设计图移居美国，并在新泽西爱迪生工厂寻求职位。特斯拉向伟大的发明家爱迪生呈现他的交流电动机的发明时，爱迪生因担心这会影响他公司直流电和直流电动机的发展，便拒绝了特斯拉的交流电动机计划。后来，特斯拉将其交流电动机的专利以1千万美元的价格卖给了西屋公司，从此交流电动机才得以量产并迅速普及。

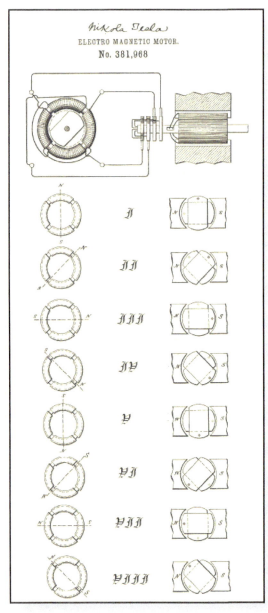

特斯拉发明的交流电动机专利申请图

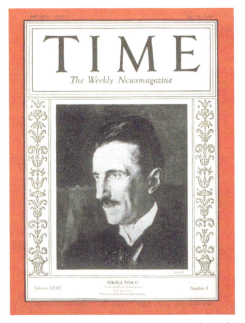

尼古拉·特斯拉（1856—1943），在1931年6月成为《时代周刊》封面人物

第4节 交流电动机的构造是怎样的

交流电动机主要有两大部件：定子和转子。定子是最外面的圆筒，圆筒内侧缠绕有很多绕组，这些绕组与外部交流电源接通，整个圆筒则与机座连接在一起，固定不动，因此称为"定子"。

在定子内部，要么是缠绕有很多绕组的圆柱体，要么是笼型结构的圆柱体，它们与电动机的动力输出轴连接在一起并同速旋转，因此称为"转子"。

转子与定子之间没有任何连接和接触，但是当定子上的绕组接通交流电源时，转子就会立刻旋转并输出动力。

本章介绍的几种交流电动机，其主要区别在于转子的结构形式和转子磁场产生的方式上。转子形状有笼型和绕线转子。

顾名思义，如果转子采用笼型结构，由金属条组成一个封闭的导电环路，就称其为笼型异步电动机；如果转子采用绕线转子，也就是由绕组绕成封闭的导电环路，就称其为绕线转子异步电动机。

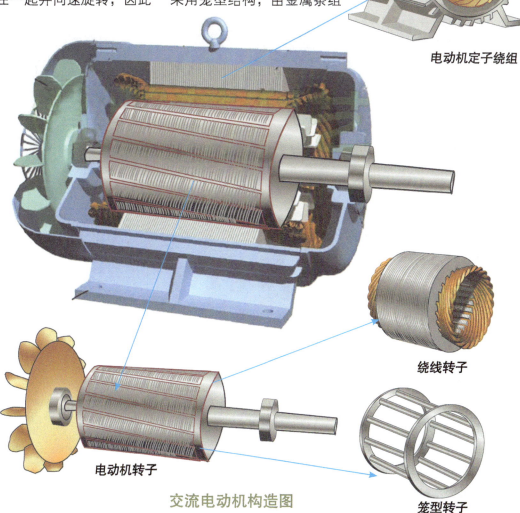

电动机定子绕组

绕线转子

电动机转子

笼型转子

交流电动机构造图

第5节 异步电动机是怎样产生动力的

交流电动机的工作原理：通电绕组在旋转磁场里转动。

电动机中的定子和转子并不接触，为什么给定子绕组通上交流电后，转子就会旋转呢？其工作原理用到两大电磁定律：电磁感应定律和楞次定律。

当定子上缠绕的绕组通上交流电后，由于交流电的特性，定子绕组就会产生一个旋转的电磁场。

转子上的绕组是一个闭环导体，它处在定子的旋转磁场中就相当于在不停地切割定子的磁感应线。根据法拉第电磁感应定律，闭合导体的一部分在磁场中做切割磁感应线的运动时，导体中就会产生电流。

再根据楞次定律，感应电流的效果总是反抗引起感应电流的原因，也就是尽力使转子上的导体不再切割定子旋转磁场的磁感应线，这样的结果就是：转子上的导体会"追赶"定子的旋转电磁场，也就是使转子追着定子旋转磁场跑，最终使电动机开始旋转。

由于转子总是在"追赶"定子旋转磁场的旋转速度，并且为了能够切割磁感应线而产生感应电流，转子的转速总要比定子电磁场的转速慢一点点（2%~6%），也就是异步运行，所以才将这种产生感应电流的电动机称为异步电动机。

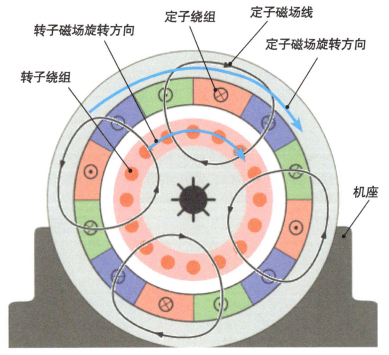

异步电动机工作原理示意图

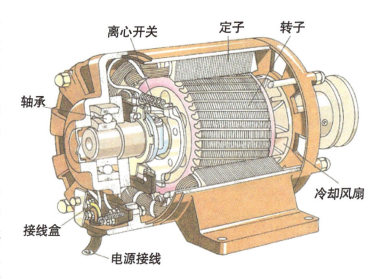

单相异步电动机构造示意图

第2章 电动机

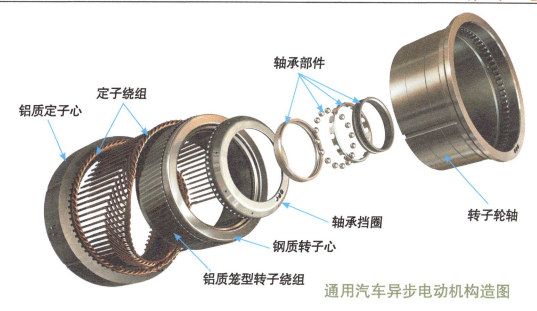

通用汽车异步电动机构造图

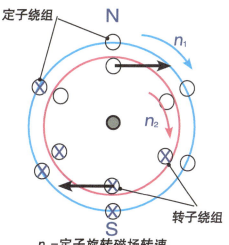

n_1=定子旋转磁场转速
n_2=转子旋转速度
交流异步电动机：$n_1 > n_2$
交流同步电动机：$n_1 = n_2$

异步电动机工作原理示意图

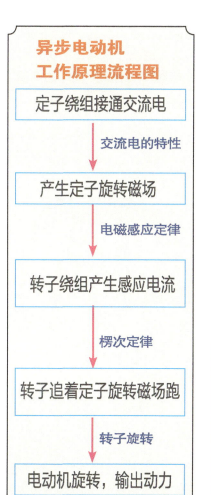

异步电动机有什么特点

　　三相异步电动机是在电动汽车上应用最为广泛的电动机。它结构简单，重量较轻，体积较小，运行可靠，经久耐用，制造成本较低，维修简单方便。它的转速可达到12000~15000r/min。其缺点是控制系统非常复杂，制造成本较高，其控制系统的造价要远高于电动机本身。

第6节 永磁同步电动机是怎样产生动力的

在异步电动机中，转子磁场的形成要分两步走：第一步是定子旋转磁场先使转子绕组产生感应电流；第二步是感应电流再产生转子磁场。在楞次定律的作用下，转子跟随定子旋转磁场转动，但又"永远追不上"，因此才称其为异步电动机。

如果转子绕组中的电流不是由定子旋转磁场感应的，而是自己产生的，则转子磁场与定子旋转磁场无关，而且其磁极方向是固定的，那么根据同性相斥、异性相吸的原理，定子的旋转磁场就会推拉转子旋转，使转子磁场和转子本身，一起与定子旋转磁场"同步"旋转。这就是同步电动机的工作原理。

根据转子自生磁场产生方式的不同，又可以将同步电动机分为两种：

一种是将转子绕组通上外接直流电（励磁电流），然后由励磁电流产生转子磁场，进而使转子与定子磁场同步旋转。这种由励磁电流产生转子磁场的同步电动机称为励磁同步电动机。

另一种是干脆在转子上嵌上永久磁体，直接产生磁场，省去了励磁电流或感应电流的环节。这种由永久磁体产生转子磁场的同步电动机，就称为永磁同步电动机。这种电动机也是目前在电动汽车上应用较广的电动机。

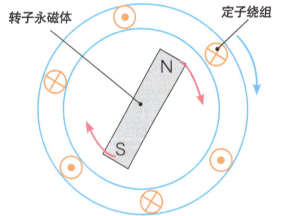

永磁同步电动机原理示意图

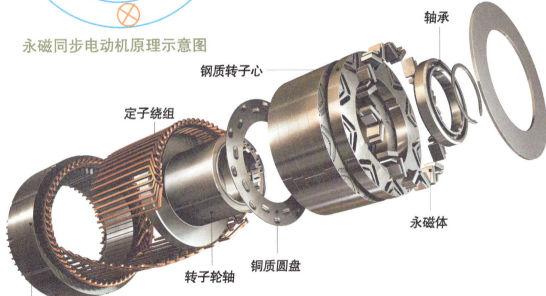

通用汽车永磁同步电动机构造图

永磁同步电动机有什么特点

永磁同步电动机具有较高的功率质量比，体积更小，质量更轻，输出转矩更大，电动机的极限转速和制动性能也比较优异，因此永磁同步电动机已成为现今电动汽车应用最多的电动机。

但永磁材料在受到振动、高温和过载电流作用时，其导磁性能可能会下降，或发生退磁现象，有可能降低永磁电动机的性能。另外，稀土式永磁同步电动机要用到稀土材料，制造成本不太稳定。

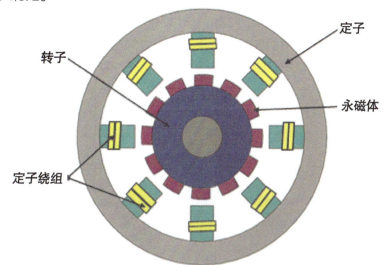

永磁同步电动机构造示意图

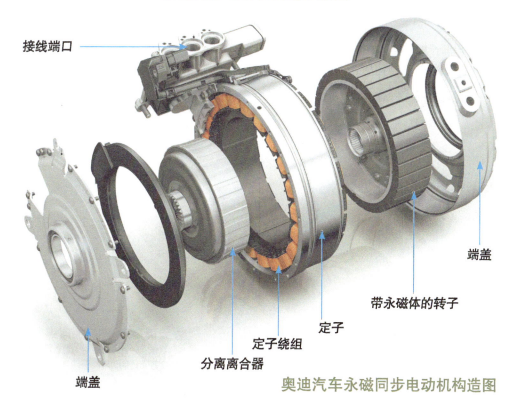

奥迪汽车永磁同步电动机构造图

第7节 直流电动机是怎样工作的

相对而言，直流电动机的构造与原理要比交流电动机简单得多。它的定子结构与交流电动机的定子有很大不同，它的定子磁场是一个固定磁场，并不会像交流电动机的定子磁场那样旋转。它的转子绕组接通直流电源后，也产生一个转子磁场。

当定子磁场与转子磁场相互作用时，根据同性相斥、异性相吸的原理，转子绕组的一侧就会受到排斥，另一侧则会受到吸引，这样转子就会在两个磁场的相互作用下开始转动。

但是，由于定子的电磁场是固定不变的，转子绕组只能转半圈就会停止不动（见图1、图2）。但是，如果此时采用换向器，将转子绕组中的电流方向改变，也就等同于改变了转子电磁场的方向，从而在同性相斥、异性相吸的电磁原理作用下，转子绕组又会继续转半圈（见图3、图4）。然后，转子绕组电流再改变方向，转子又会转半圈。就这样周而复始，转子绕组中的电流方向总在改变，那么转子就会不停地连续旋转起来。

直流电动机效率低，其换向器和电刷需要定期维护，运行成本高，运用场合有限，可靠性差，因此应用较少。

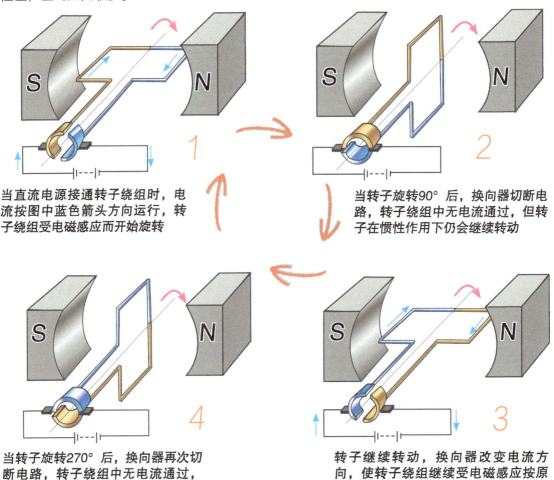

1 当直流电源接通转子绕组时，电流按图中蓝色箭头方向运行，转子绕组受电磁感应而开始旋转

2 当转子旋转90°后，换向器切断电路，转子绕组中无电流通过，但转子在惯性作用下仍会继续转动

3 转子继续转动，换向器改变电流方向，使转子绕组继续受电磁感应按原来的方向转动

4 当转子旋转270°后，换向器再次切断电路，转子绕组中无电流通过，但转子在惯性作用下仍会继续转动

直流电动机工作原理示意图

第2章 电动机

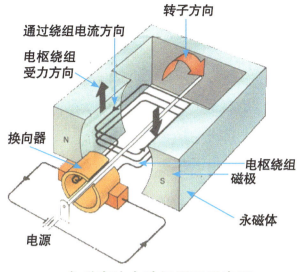

定子磁场的产生

定子磁场也称主磁场，是由磁极产生的。主磁场的产生方式有两种：一是由永久磁铁产生的永磁场（左图）；二是由缠绕在定子铁心上的励磁绕组通上直流电后建立的（下图）。绝大多数直流电动机的定子磁场都是通过第二种方式来建立的。

永磁直流电动机原理示意图

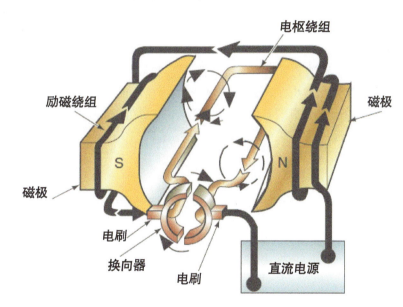

励磁直流电动机原理示意图

无刷直流电动机

有刷直流电动机由于电刷的换向，使得电枢绕组通电后产生一个不断变化磁极方向的旋转磁场，从而使电动机运转。但电刷使得电动机有很多弊端，尤其是不太安全，因此研究人员就利用转子位置传感器检测出转子的位置，通过与电枢绕组连接的各功率开关管的导通与关断，控制电枢绕组的电流方向不断改变，从而在主磁场的相互作用下拖动转子旋转。随着转子的转动，位置传感器不断地送出信号，以改变电枢绕组的通电方向，起到电刷与换向器的作用，从而使无刷直流电动机顺利地运转起来。

第3章 电动机控制

第1节 电动机有什么特点

与传统的燃油发动机相比，电动机作为汽车的动力系统有很多优势，主要包括两点：

一是可以使汽车的起步加速能力更强。 汽车静止时发动机怠速约为800r/min左右，当它从静止起步加速时，发动机的转矩必须随转速的升高而逐步升高，到达一定转速时才能输出最大转矩。涡轮增压发动机在一定转速范围内保持最大转矩。而自然吸气发动机最大转矩对应的转速范围非常小，转速升高后很快就会衰减下来。而电动机的转矩特性与它们完全不同，它一起动就能达到最大转矩，并能保持较长一段转速范围，只有转速达到特别高时其转矩才会衰减。因此，电动汽车的0-100km/h加速时间，尤其是0-60km/h的加速时间，要比燃油汽车快很多。

二是不需要变速器就能起步。 变速器当初被发明的目的就是帮助汽车起步和爬坡，因为发动机的初始转矩较小，驱动笨重的汽车起步时就比较困难，更无法拖动汽车爬坡。变速器则可以通过齿轮传动将发动机的转矩放大，从而让汽车拥有更大的驱动力，使汽车顺利地起步和爬坡。而电动机的初始转矩是最大的，不需要变速器放大即可驱动汽车顺利起步和爬坡，因此可以不配变速

扫一扫，即可观看
电动机制造过程视频

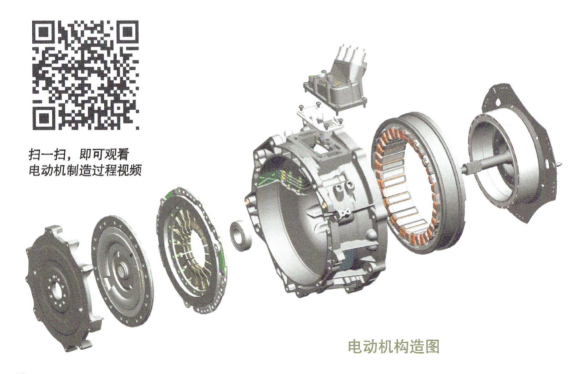

电动机构造图

器，只需配个减速齿轮将电动机的转速减下来即可。没有变速器，不仅少了一个传动环节，节省了制造成本和维护修理成本，而且动力传递更直接，能量损耗也更小。

三是电动机的体积较小、结构简单、制造成本低很。其实发动机上都有一台电动机，即起动机，所有传统汽车的起动都是由起动机带动飞轮、曲轴和活塞等一系列发动机部件先运动起来，然后才能使发动机持续运转的。发动机上电动机的功率和体积都很小，只要能驱动活塞运转即可。然而，电动汽车上的电动机需要很大的功率，它要作为驱动汽车前进的动力源，因此体积也较大，但由于结构简单，体积也要比一般发动机小很多。

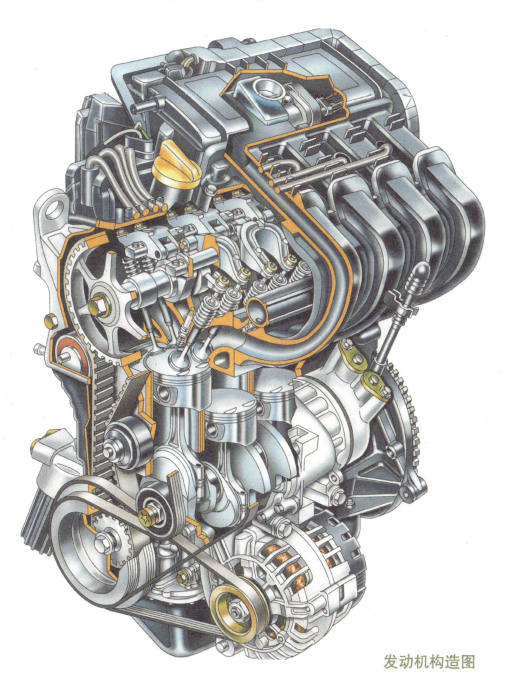

发动机构造图

第2节 为何电动机的初始转矩极大

别看电动机的体积较小,但它输出的功率和转矩并不小,完全可以与发动机的最大功率和最大转矩媲美。更重要的是,电动机的转矩特性更适合作为汽车的驱动装置,因为电动机在起动时就能达到最大转矩,或者说在零转速时电动机就具有最大转矩。而发动机的最大转矩至少要在发动机转速达到1200r/min时才可能达到。

电动机为什么会有这样的转矩特性呢?这是因为电动机的定子与转子之间没有任何接触,两者在物理结构上完全独立,当转子开始旋转时,在它本身内部没有受到任何阻力,可以很容易地达到最大转矩。而燃油发动机旋转机构有很多"累赘",例如飞轮、曲轴、连杆和活塞等,不仅有重力,而且还有摩擦力等因素会影响旋转机构的运转,因此它的转矩输出必须随着转速的提高而逐渐提升。

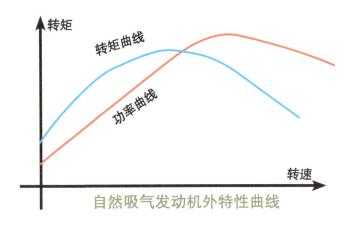

自然吸气发动机外特性曲线

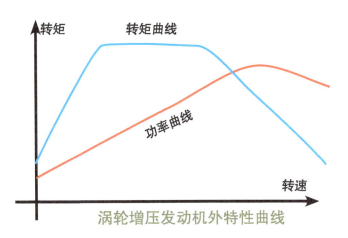

涡轮增压发动机外特性曲线

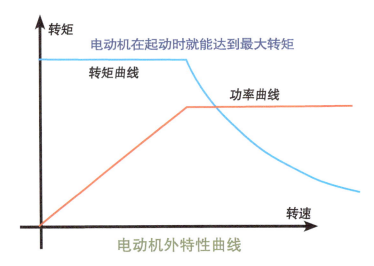

电动机外特性曲线

第3章 电动机控制

第3节 谁来决定电动机的转速

异步电动机的转速与谁有关

为了弄清楚异步电动机的转速与哪些因素有关,这里再将异步电动机的工作原理介绍一遍:

首先,异步电动机的定子绕组接通三相电源后,由于三相电源的相与相之间的电流在相位上相差120°,而且定子中的三个绕组在空间方位上也相差120°,这样,定子绕组就会产生一个旋转磁场。

其次,定子绕组产生旋转磁场后,转子导条(笼条或绕组)将切割旋转磁场的磁力线而产生

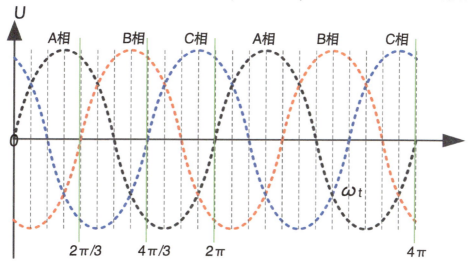

电动机变频调速原理示意图

三相交流电由A、B、C三相组成,按每个交流周期360°算,每相间距120°。黑色为A相波形,红色为B相波形,蓝色为C相波形。当定子绕组中通入三相电流后,三相电流不断地随时间变化,它们共同产生的合成磁场也随着电流的变化而在空间不断地旋转,这就是旋转磁场,如下图所示:

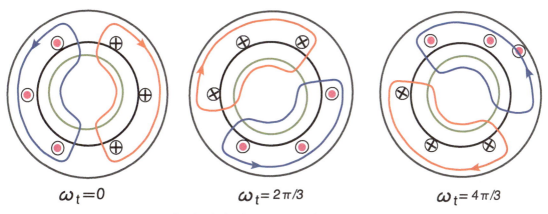

三相交流电动机定子旋转磁场波形图

感应电流，进而产生转子感应磁场。在楞次定律的作用下，转子就会跟着定子旋转磁场同方向转动，并且转子的转速低于定子旋转磁场的转速2%~6%，也就是说转子的转速比定子旋转磁场的转速慢一些。如果假设转子与定子旋转磁场的转速差为s，那么，

异步电动机转速＝转子转速＝定子旋转磁场转速×（1−s）

因此，只要控制定子旋转磁场的转速，就能同时控制电动机的转速。

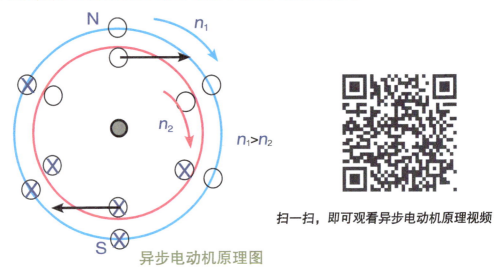

扫一扫，即可观看异步电动机原理视频

异步电动机原理图

永磁同步电动机的转速与谁有关

永磁同步电动机的转子磁场与定子旋转磁场无关，它是通过转子自身所嵌的永磁体而自生的磁场，因此转子的旋转不受楞次定律限制，只是依据同性相斥、异性相吸的原理作用，而且转子转速与定子磁场完全一致（也正因此才被称为同步电动机），即转子与定子磁场的转速差$s=0$，即

同步电动机转速＝转子转速＝定子旋转磁场转速

因此，永磁同步电动机与异步电动机一样，只要控制定子旋转磁场的转速，就能同时控制电动机的转速。

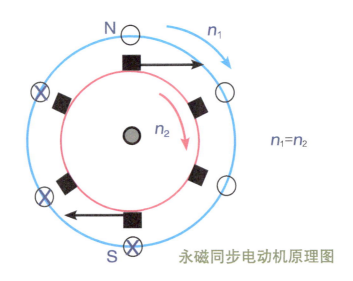

永磁同步电动机原理图

第4节 怎样调节电动机的转速

由第3节可知，不论是异步电动机，还是永磁同步电动机，只要调节定子旋转磁场的转速，就能控制电动机的转速。

定子旋转磁场的转速与电源频率和磁极对数有关，具体计算公式是：

定子旋转磁场的转速： $n=60f/P$

式中，n 为定子旋转磁场转速（r/min）；f 为电源频率（Hz）；P 为磁场的磁极对数（磁极数除以2）。

再根据上节中公式，就可得出下式：

异步电动机转速： $n=(1-s)60f/P$

永磁同步电动机转速： $n=60f/P$

式中，s 是磁场转速与转子转速之间的转速差（约为2%~6%）。

根据此式我们知道，异步电动机和永磁同步电动机的转速调节方法一样，都有两种：

1）变磁极法（即调节 P）。

改变磁极数 P，就能改变转速，磁极数与转速成反比。

2）变频法（即调节 f）。

改变电源频率 f，就能调节转速，频率与转速成正比。

以往多用改变磁极的方法来调节电动机的转速。但随着半导体技术和电子技术的进步，现在的电动汽车大多利用变频器来调节电源频率，从而实现对交流电动机转速的控制，而且是无级调速。

现在的家用空调都采用变频调速，都是通过调节电源频率来调节制冷温度。至于变频调速的原理是什么，怎样实现变频的，这不属于本书内容范畴。

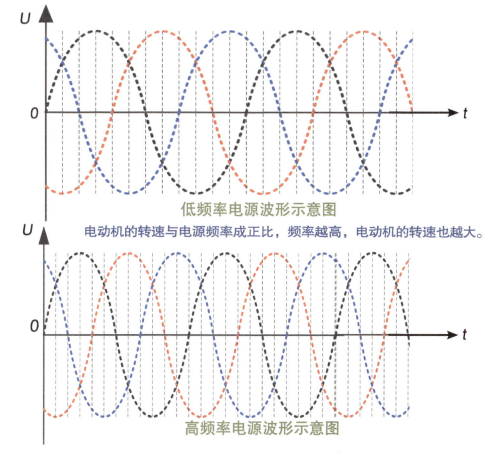

低频率电源波形示意图

电动机的转速与电源频率成正比，频率越高，电动机的转速也越大。

高频率电源波形示意图

第4章 动力蓄电池

第1节 动力蓄电池的组成是怎样的

电动汽车的动力蓄电池并不是一块或两块蓄电池,它是由数百或数千块单体蓄电池按不同的串联和并联方式组合而成的。特斯拉Roadster纯电动汽车的动力蓄电池就是由6831节单体锂离子蓄电池组合而成。它先是将69节单体蓄电池并联为一组,再将9组蓄电池串联为一层,最后将11层堆叠在一起,就组成了整个动力蓄电池。日产聆风(LEAF)纯电动汽车的动力蓄电池则由192节33.1A的层叠式锂离子蓄电池组成。它先是4节单体蓄电池采用两并两串的连接形式组成一个模块,然后再将48个模块串联组成整个动力蓄电池。

雪佛兰汽车的沃蓝达(VOLT)插电式混合动力汽车的动力蓄电池由288节45A的层叠式锂离子蓄电池组成。它先是将96个单体蓄电池串联成一组,再将3组蓄电池并联起来,就组成整个动力蓄电池。

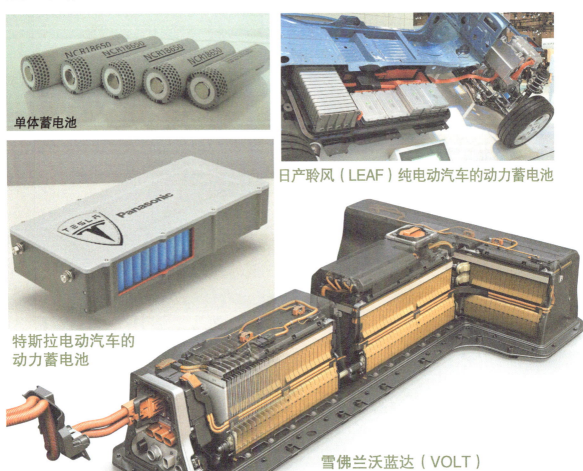

单体蓄电池

日产聆风(LEAF)纯电动汽车的动力蓄电池

特斯拉电动汽车的动力蓄电池

雪佛兰沃蓝达(VOLT)插电式混合动力汽车的动力蓄电池

第2节 为什么动力蓄电池需要管理系统

现在电动汽车的动力蓄电池多采用锂离子蓄电池,但锂离子蓄电池对工作温度、安全防护等要求极高,如最适宜的工作温度为10~30℃,过高或过低的温度都会影响蓄电池寿命和性能。因此,必须为动力蓄电池配备一套先进的管理系统,即动力蓄电池管理系统(Battery Management System,简称BMS)。

动力蓄电池管理系统的主要任务是保证动力蓄电池一直处于正常、安全的工作状态,在动力蓄电池状态出现异常时及时响应处理,并根据车辆行驶状态、环境温度、动力蓄电池状态等决定动力蓄电池的充放电功率等。动力蓄电池管理系统包括众多传感器(电流、电压和温度等)和中央控制单元等。在动力蓄电池管理系统中,动力蓄电池热管理系统最重要,为此要在动力蓄电池中设置独立的液体冷却系统,以保证动力蓄电池处于正常工作温度中,并且保证各单体蓄电池处于基本相同的工作温度下。

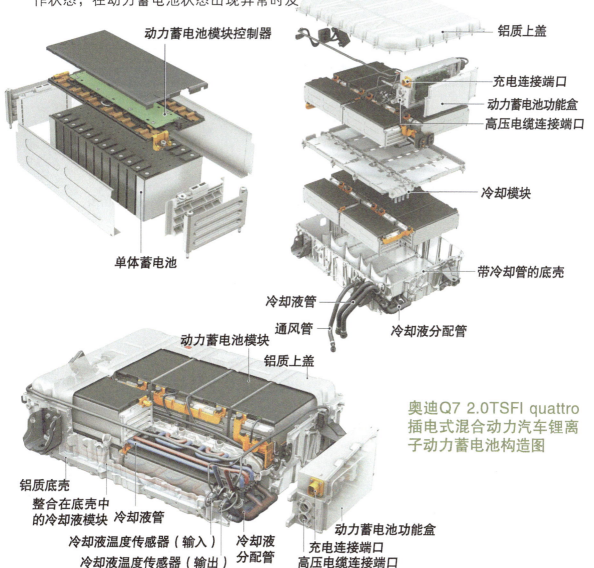

奥迪Q7 2.0TSFI quattro 插电式混合动力汽车锂离子动力蓄电池构造图

第3节 为什么要选用锂离子蓄电池

锂离子蓄电池是怎样产生电能的

锂离子蓄电池是指以锂离子嵌入化合物为正极材料蓄电池的总称。锂离子蓄电池以碳素材料为负极，以含锂的化合物作正极，没有金属锂存在，只有锂离子，因此称为锂离子蓄电池。而原来所谓的锂蓄电池则是以纯锂作为负极，两者区别很大。

锂离子蓄电池的正极是含金属锂的化合物，一般为锂铁磷酸盐(如磷酸铁锂 $LiFePO_4$、磷酸钴锂 $LiCoO_2$ 等)，负极是石墨或碳(一般多用石墨)。正负极之间使用有机溶剂作为电解质。

在对蓄电池进行充电时，正极上分解生成锂离子，锂离子通过电解质进入蓄电池负极，嵌入负极碳层的微孔中，如右上图所示。

在蓄电池的使用过程中，即放电过程，嵌在负极微孔中的锂离子又运动回正极。回到正极的锂离子越多，放电容量就越高。蓄电池容量通常是指放电容量，如右下图所示。

这样，在蓄电池充放电过程中，锂离子不断地在正极和负极之间来回"奔跑"，所以锂离子蓄电池也叫摇椅式蓄电池。

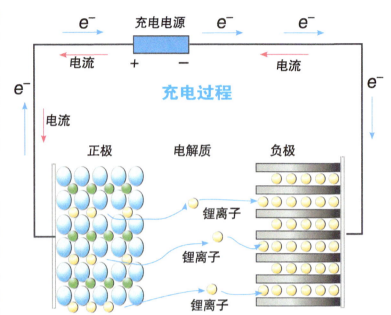

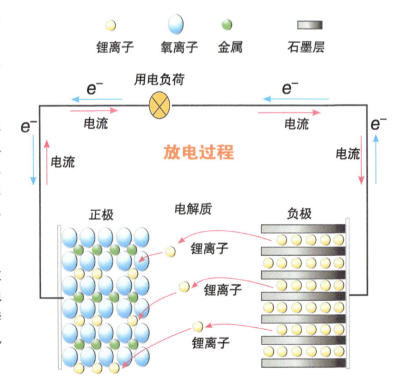

锂离子蓄电池充电和放电过程示意图

锂离子蓄电池与锂蓄电池一样吗

锂离子蓄电池是在锂蓄电池的基础上发展起来的先进蓄电池,原来锂蓄电池的安全性较差,充放电寿命较短,而锂离子蓄电池则基本解决了这两大难题。

蓄电池主要由正极、电解液和负极组成,而锂离子蓄电池与锂蓄电池的正极和电解液都相同,都采用了一种能使锂离子嵌入和脱嵌的金属氧化物或硫化物作为正极,采用无机盐体系作为电解质,但它们的负极则不同:锂离子蓄电池采用使锂离子嵌入和脱嵌的碳材料作为负极,而锂蓄电池则采用纯锂作为负极。

因此,锂离子蓄电池的工作原理更简单,在蓄电池工作过程中,仅仅是锂离子从一个电极(脱嵌后)进入另一个电极(嵌入)的过程。具体来说,当蓄电池充电时锂离子是从正极中脱嵌,在碳负极中嵌入;放电时反之。在充放电过程中没有晶形变化,对负极材料没有影响,故具有较好的安全性和较长的充放电寿命。

锂离子蓄电池有什么特点

1)锂离子蓄电池能量密度大,平均输出电压高。锂离子单体蓄电池的额定电压为3.6V(少数是3.7V),而燃油汽车上常用的铅酸蓄电池的单体蓄电池的额定电压只有2V,这也是锂离子蓄电池使用较为广泛的主要原因。

2)自放电小,没有记忆效应。

3)循环性能优越,可快速充放电,充电效率高,使用寿命长。

4)工作温度范围相对比较宽,为-20~60℃。

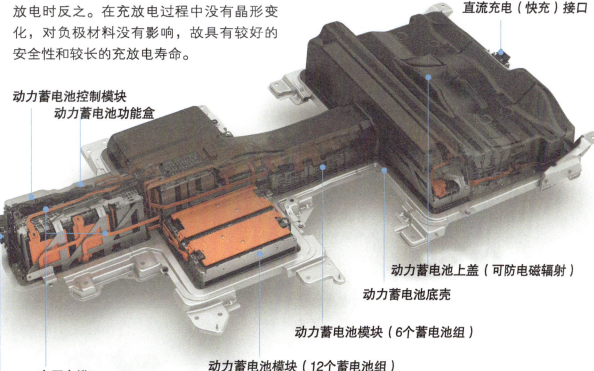

大众高尔夫纯电动汽车锂离子动力蓄电池构造图

第5章 纯电动汽车

第1节 为何纯电动汽车的构造更简单灵活

与传统的燃油汽车相比,纯电动汽车的构造更简单灵活,主要有以下原因:

首先,纯电动汽车采用线控技术,没有传动轴。因为电缆很柔软,可以将电机安装在离车轮更近的地方,如直接安装在车轴或车轮上,不再需要金属传动轴。

第二,纯电动汽车没有传统的变速器。由于电机具有低转速、高转矩的特性,它不再需要变速器将起步转矩放大,就可以轻松推动汽车起步、加速。而传统的燃油汽车在起步时由于转矩较小,必须使用变速器将转矩放大才能推动汽车起步和加速。另外,可以通过变频器来无级调节电机的转速。这样,传统的机械式变速器在纯电动汽车上就是多余的。

第三,灵活利用空间放置动力蓄电池。传统燃油汽车上的燃油箱虽然也可以根据车内空间做成奇形怪状的,但它必须是一体式的,不能分开放置,而电动汽车的动力蓄电池可以分开安放,充分利用座椅下、车底下等空间,大大提高了纯电动汽车的空间利用效率。

正是由于以上三大原因,各款纯电动汽车的构造均不完全相同,几乎没有两款纯电动汽车的布局是一模一样的。

第四,电机比发动机更轻、更简单。燃油发动机必须将活塞的直线运动转换成旋转运动,因此必须装备连杆、曲轴等一系列部件,而且为了消减因此而产生的振动,还要安装平衡重或平衡轴。发动机还要装备起动机用来起动发动机,安装发电机用来为动力蓄电池充电。因此,发动机要比电机复杂得多、重量也更大。

第5章　纯电动汽车

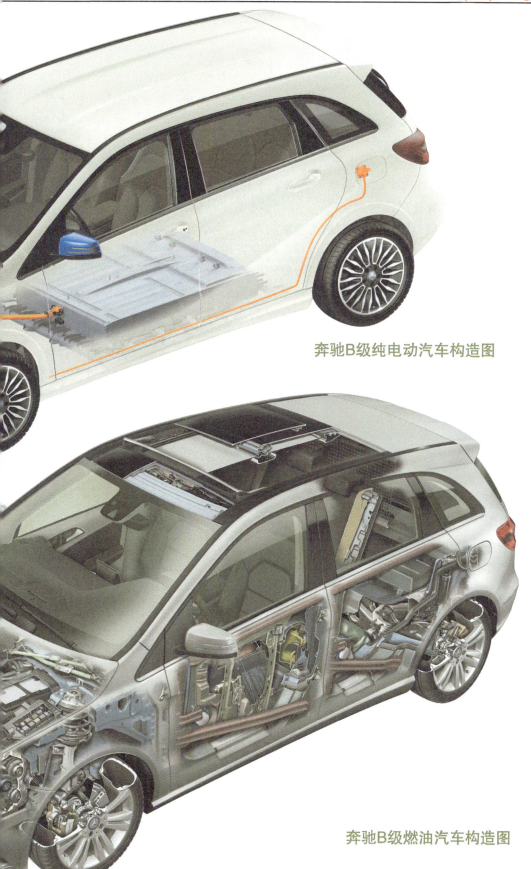

奔驰B级纯电动汽车构造图

奔驰B级燃油汽车构造图

第2节 纯电动汽车有哪些主要总成

与燃油汽车相比，纯电动汽车的构造比较简单。它主要由电机、控制器和动力蓄电池三大部件组成。下面简单介绍纯电动汽车与传统汽车的区别。

车身造型：许多纯电动汽车都是由燃油车型改造而来，因此车身外形没有太大区别。如果是从零设计的纯电动汽车，为了便于在底板上放置动力蓄电池，往往会将车身设计得较高一些，如宝马i3、比亚迪-戴姆勒腾势等。

动力系统：电机替代了发动机，起步转矩更大，起步迅猛。电机的动力输出大小由电子控制器来调节。

传动系统：纯电动汽车上一般没有变速器，电机的转速变化通过电子控制器来调节，然后通过减速器和差速器直接传递到前轴或后轴上。

转向系统：采用电动助力转向，与现在越来越多地采用电动助力转向的燃油汽车没有什么差别。

行驶系统：悬架、车桥和车轮等与传统燃油汽车一样，没有太大差别。

制动系统：因为传统燃油汽车可以利用发动机的真空力量作为制动助力，所以纯电动汽车要想法找到发动机真空的替代方案，最常用的办法就是装备一个电动真空泵，专门向真空制动助力器补充真空。

能量供给系统：纯电动汽车没有燃油箱，但动力蓄电池的体积和重量都增大了很多。

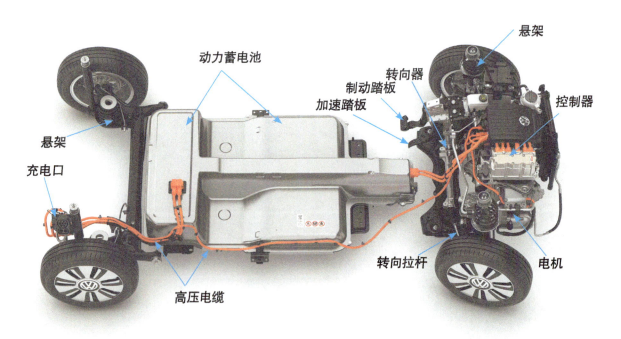

纯电动汽车基本构造图

第5章 纯电动汽车

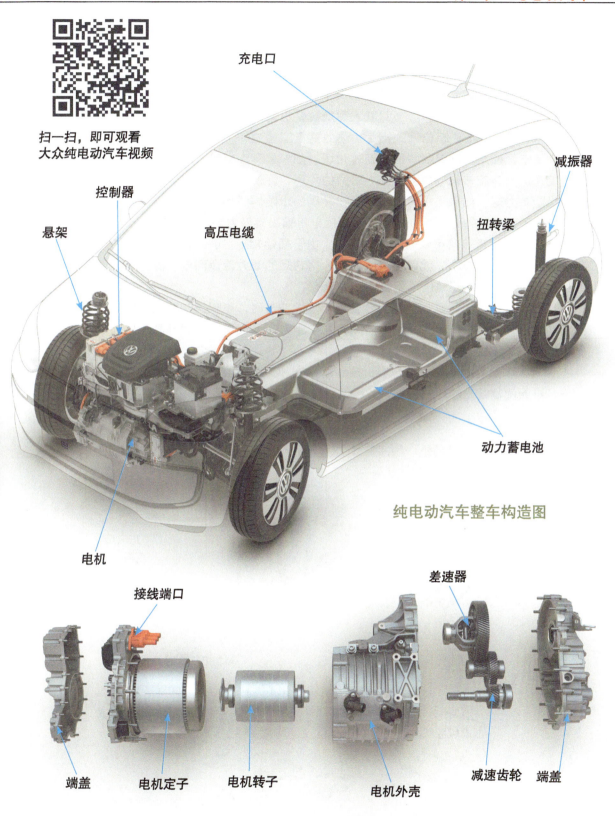

扫一扫，即可观看大众纯电动汽车视频

纯电动汽车整车构造图

纯电动汽车动力系统构造图

第3节 纯电动汽车是怎样奔跑的

当驾驶人转动起动钥匙时，纯电动汽车并没有什么反应和动静，只是附件电器接通电源，但电机并没有开始运转。当驾驶人踩加速踏板时，电机控制器根据加速踏板位移传感器的信息，发出接通电机电源的指令，动力蓄电池通过DC/AC变换器向电机定子绕组提供三相交流电，使定子绕组瞬间形成旋转磁场。如果是异步电机，闭合的转子绕组会产生感应电流，进而在旋转磁场中会受到电磁力的作用，促使转子开始追着定子磁场旋转，使电机输出旋转力矩；如果是永磁同步电机，转子的永磁体磁场与定子绕组的旋转磁场相互作用，使转子跟着旋转磁场同步旋转，从而使电机输出旋转力矩。

电机一开始旋转就可以输出最大转矩。由于初始转矩足够大，因此只需通过减速器而不是变速器的低速档位，就可以将低转速、高转矩的动力传递到差速器，然而再通过半轴传到驱动轮上，最终驱动汽车起步、前进。

当驾驶人继续向下踩加速踏板希望汽车加速前进时，电机控制器根据加速踏板位移传感器的信息，向电机输出更高的电源频率和电压，从而使电机转速升高，进而使驱动轮的转速提高，最终提高汽车的速度。

当驾驶人抬起加速踏板时，电机控制器根据加速踏板位移传感器的信息，调节电机的转速，进而使驱动轮的转速降低，最终使纯电动汽车的速度下降。

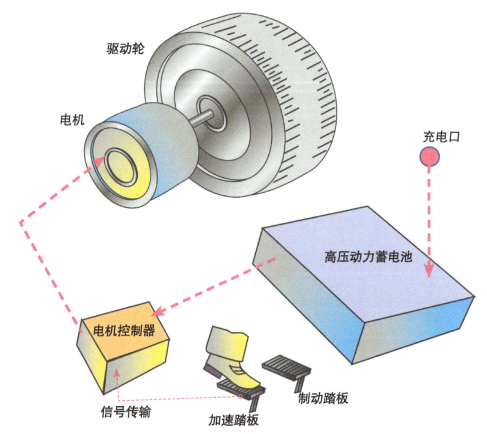

纯电动汽车工作原理示意图

第4节 变换器起什么作用

在纯电动汽车上,由于动力蓄电池是高压直流电,而电机都是使用交流电,车载辅助电气系统使用低压直流电,因此必须使用变换器(Inverter)将动力蓄电池的高压直流电调整为可以使用的电源电压。另外,变换器还起到稳定电压的作用。纯电动汽车上一般使用三种变换器。

一是DC/DC变换器。为了将动力蓄电池的高压直流电转换为真空制动泵、音响、仪表显示、低压蓄电池等低压电气系统使用的12V直流电,需要使用DC/DC降压变换器。

二是DC/AC变换器。纯电动汽车上的动力蓄电池都是直流电,而纯电动汽车上电机使用的都是交流电,因此在向电机供电时,要将直流电转换为交流电,其转换装置就是DC/AC变换器,又称DC/AC逆变器。

三是AC/DC转换器。当纯电动汽车制动或减速时,车轮带动电机旋转,此时电机作为发电机使用,用来回收能量。但不论是直流电机还是交流电机,当它们作为发电机使用时所输出的都是交流电。要想将这些交流电储存于动力蓄电池中,必须将其从交流电转换为直流电。完成这个转换工作的就是AC/DC变换器。

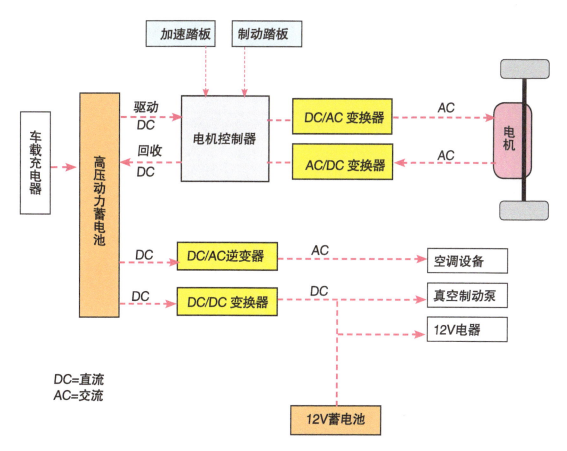

纯电动汽车驱动系统控制线路示意图

第5节 电控系统起什么作用

纯电动汽车就是一个高度集成的电气化系统,主要包括车载充电系统、动力蓄电池管理系统、电机控制器、车身控制系统和信息传输及显示系统。这些系统都要整合在一个总的整车控制系统之中。我们把这个总的整车控制系统称为电子控制系统或电控系统。

电控系统是纯电动汽车上的核心部件,被称为纯电动汽车的大脑,其成本要远高于电机本身。

电机控制器

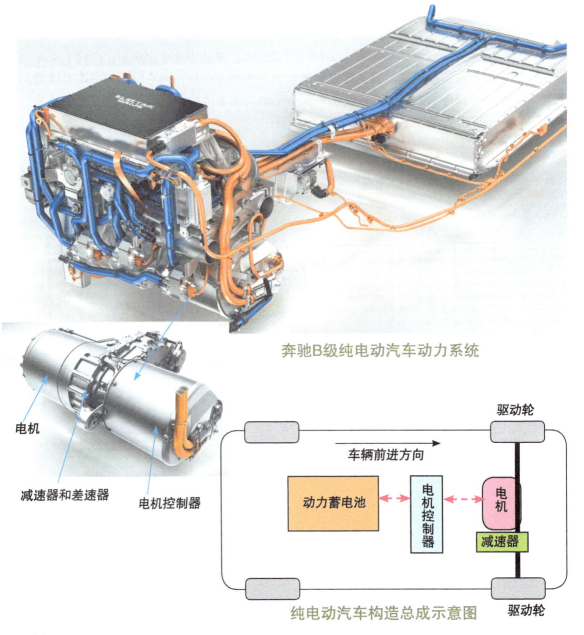

奔驰B级纯电动汽车动力系统

电机

减速器和差速器　电机控制器

纯电动汽车构造总成示意图

第6节 纯电动汽车是怎样变速的

电机的起动转矩非常大,足以使静止的汽车起步并提速,因此纯电动汽车上没有传统汽车上的机械变速器,不需要齿轮机构将电机的输出转矩放大,只要控制好电机的转速即可实现纯电动汽车的变速。也就是说,只使用电机控制器就能实现纯电动汽车的变速。

驾驶人踩下加速踏板,传感器检测到加速踏板被踩下去的深度(一般都会装备两个相同的传感器,以防误操作,只有两个传感器的数据完全一致时,才会进行下一步)。电机控制器根据传感器信息调节电源频率,电机的转速随电源频率的改变而改变。经过差速器和半轴等传动系统后,将电机动力输出的变化传递到驱动轮上,最终使纯电动汽车的速度产生变化。

倒车时,电机控制器将供给电机的交流电方向调反,电机立即就会反转,从而驱动纯电动汽车倒退。

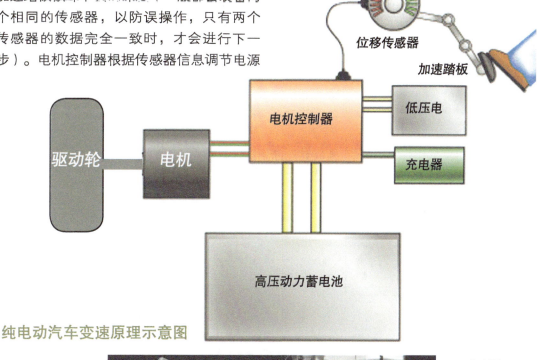

纯电动汽车变速原理示意图

纯电动汽车动力系统构造图

第7节 纯电动汽车是怎样制动的

纯电动汽车的制动系统与燃油汽车的制动系统基本一样,都有液压机构、制动盘、制动活塞、制动钳和制动摩擦片等,唯一的区别是真空制动助力器的真空来源不一样。

燃油汽车是利用发动机进气系统中的真空作为制动助力来源,而纯电动汽车上没有发动机,无法提供真空,只好采用一个电动真空泵作为制动助力器的真空来源。当传感器监测到制动助力器真空度不足时,电动真空泵就开始工作并维持真空环境,通过这样的方式,确保真空制动助力器能够像传统汽车那样为驾驶人提供制动助力。

另外,与燃油汽车非常不同的是,纯电动汽车在抬起加速踏板减速时或踩制动踏板制动时,汽车的行驶惯性能量通过传动系统传递回电机,电机此时都会处于发电机工作状态,电机不仅为电池充电,而且还产生制动力矩又通过传动系统对驱动轮施加制动力。这个过程称为再生制动。因此,在驾驶纯电动汽车时,驾驶人只要抬起加速踏板,就会感觉到一定制动力的存在。

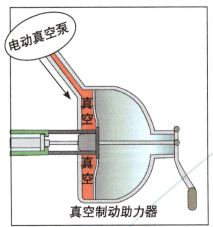

传统汽车:
真空制动助力器的真空来自发动机进气系统。
纯电动汽车:
真空制动助力器的真空来自电动真空泵。

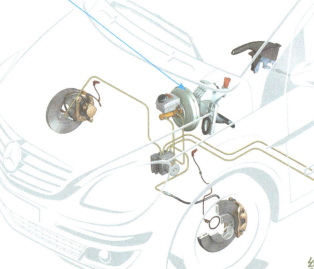

驾驶纯电动汽车时,驾驶人只要抬起加速踏板,就会感觉到一定制动力的存在

纯电动汽车制动系统构造示意图

第8节 纯电动汽车是怎样回收能量的

纯电动汽车之所以称为节能环保汽车，不仅是指它的排放物没有污染，更重要的是它配有能量回收系统。它可以将汽车的制动力和惯性力转换为电力，从而继续作为驱动汽车的动力。

当驾驶人抬起加速踏板时，动力蓄电池停止向电机供电，但此时车辆并不能马上停下来，而是在惯性力的作用下继续前进。这个时候驱动轮通过半轴、差速器、减速器的动力传递，反过来拖动电机的转子运转，使电机进入发电机的工作状态，电机定子绕组上产生反向交流电，经过AC/DC变换器后整流为直流电，并储存于动力蓄电池中。

纯电动汽车在制动时，车辆因惯性而推动车轮转动，进而带动电机发电，并将电能存储至动力蓄电池中

纯电动汽车制动能量回收示意图

为什么电机既可充当电动机又能充当发电机

从工作原理上看，电动机与发电机是完全不同的。电动机是将定子绕组通电后产生磁场，然后使转子的通电导体在磁场中受力，从而使转子运转。它是将电能转换成机械能的装置；发电机则是利用电磁感应原理，利用外力来转动转子并使其切割定子磁场磁力线，从而产生感应电流。它是将机械能转换成电能的装置。

但从结构上看，发电机与电动机完全一样，都由定子与转子等组成。当向电机的定子绕组输入电能时，它的转子就会转动，它就是电动机；当向电机的转子输入机械能时，定子绕组上就会产生感应电流，它就变身为发电机。因此，当汽车减速或制动时，由于惯性，汽车就会拖动电机的转子旋转，产生电流，从而电机就转变为发电机。

第9节 纯电动汽车怎样为车内提供冷风

纯电动汽车也装有空调系统，它也可以像传统的燃油汽车那样为车内乘员提供冷风，并且采用同样的制冷原理，也就是"压缩机+制冷剂"的方式。不同的是，纯电动汽车采用的压缩机不是由发动机或电机驱动，而是采用一体式的电动压缩机（电机与压缩机的组合），直接由动力蓄电池驱动。

传统汽车都是由发动机驱动压缩机，那么纯电动汽车为什么不用电机驱动压缩机呢？因为电机只有在汽车前进时才会运转，在停车时它也停止工作，如果用它来带动压缩机，那么在等红灯时制冷系统就要停止工作了，这样显然会让人感觉不舒适。因此，只好采用一套与动力系统无关的独立制冷系统，无论是停车还是行驶，它都可以为车内提供冷风。

纯电动汽车上的电动压缩机采用变频调速控制它的工作状态，可以根据车内负荷大小自动调节压缩机的转速，从而达到自动调温的目的。甚至可以实现驾驶人上车前即可提前起动电动压缩机，使车内温度预先降下来。电动压缩机由动力蓄电池驱动，但要通过DC/AC变换器将动力蓄电池的直流电转换为三相交流电供驱动压缩机的交流电机使用。

少数纯电动汽车将制冷系统升级，设计成"冷热型"两用空调系统，让原来的制冷系统以冷热两种相反的方式运行，当正常运行时可以产生冷风，但将其逆运转时又可以产生热风

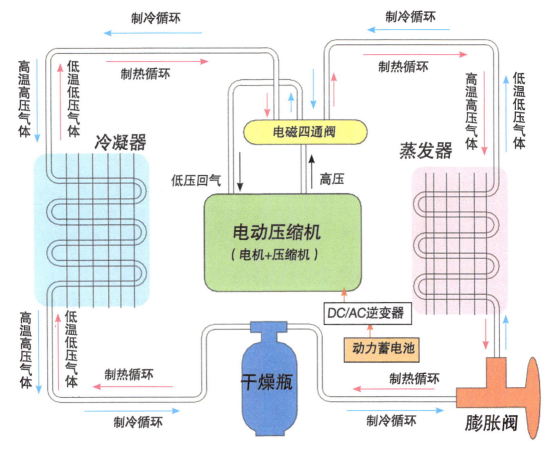

纯电动汽车冷热型空调系统工作原理示意图

第10节　纯电动汽车怎样为车内提供暖风

纯电动汽车上没有传统的发动机，自身产生的热量较少，无法像燃油汽车那样采用一个暖风箱将发动机的余热收集起来为车内提供暖风，只能采用自身制热的方式提供暖风。

纯电动汽车上一般使用PTC加热器。PTC是英文Positive Temperature Coefficient的缩写，意为"正温度系数"。虽然它也是采用向电阻材料通电生热的方式，但它使用的是一种热敏陶瓷元件，由若干单片组合后与波纹散热铝条经高温胶黏结而成。其最大特点是可以使加热器的表面温度维持在设定的居里点温度左右。居里点温度是一个人为设置的温度，在电动汽车上一般为240℃。当PTC的温度低于此温度时，PTC电阻值随之减小，发热量相应会增加；当超过此温度时，电阻值会成倍增大，直至接近绝缘。这相当于本身自动切断电源，从而使温度回落。因此，使用PTC加热器不会产生电热管类加热器表面的"发红"现象，避免发生事故。其实，PTC热敏陶瓷元件与普通的电加热丝相比，就相当于拿一块石头与电吹风中的电阻丝相比，更容易保持恒温，安全性更高。总之，PTC加热器具有恒温发热、寿命长、省电、无明火、无辐射、安全性能好、发热量容易控制等特点，因此它更适合纯电动汽车。

一些纯电动汽车"冷热型"两用空调系统，让原来的制冷系统以冷热两种相反的方式运行，当正常运行时可以产生冷风，但逆运转时又可以产生热风。

纯电动汽车PTC加热器

PTC加热器不仅用来为车内取暖，而且还常常作为动力蓄电池的加热器，使动力蓄电池的温度不致于太低（一般不能低于-9℃，否则会影响动力蓄电池性能）

纯电动汽车PTC加热器位置示意图

动力蓄电池也需要 PTC 加热器保持适宜温度

纯电动汽车的动力蓄电池一般都是锂离子蓄电池，它的性能受温度影响较大，尤其是在低温时，其性能会变得较差，严重时甚至无法起动车辆。相对防止动力蓄电池出现高温现象而言，防止其出现温度过低的现象更为重要。因此，纯电动汽车一般也都会采用PTC加热器来维护动力蓄电池的温度，并且要使每个单体蓄电池的温度都相差无几，以保证动力蓄电池总是处于较佳的工作状态。

纯电动汽车一般采用水循环方式来保持动力蓄电池处于较佳温度和均匀温度状态。因此，一般纯电动汽车上都会有两组或更多组的PTC加热器，以满足纯电动汽车对温度的需要。

第11节 特斯拉Model S纯电动汽车图解

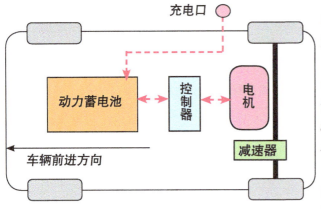

特斯拉 Model S后驱车型构造示意图

特斯拉Model S纯电动汽车分为两大系列：单电机后驱车型和双电机全驱车型。

其中，后驱车型又根据动力蓄电池容量的不同分为70（蓄电池容量70kW·h）和85（蓄电池容量85kW·h）两个型号，续驶里程分别为420km和502km。

全驱车型采用一前一后两台交流异步电机，分别驱动前轴和后轴，根据动力蓄电池容量和电机功率的不同，又分为75D、85D和P85D三个型号，其中85D的续驶里程高达528km，P85D的0-100km/h加速时间为3.0s（狂暴模式）。

扫一扫，即可观看特斯拉Model S纯电动汽车视频

特斯拉 Model S后驱车型电机和控制器

特斯拉 Model S 后驱车型构造图

特斯拉 Model S动力蓄电池

第5章 纯电动汽车

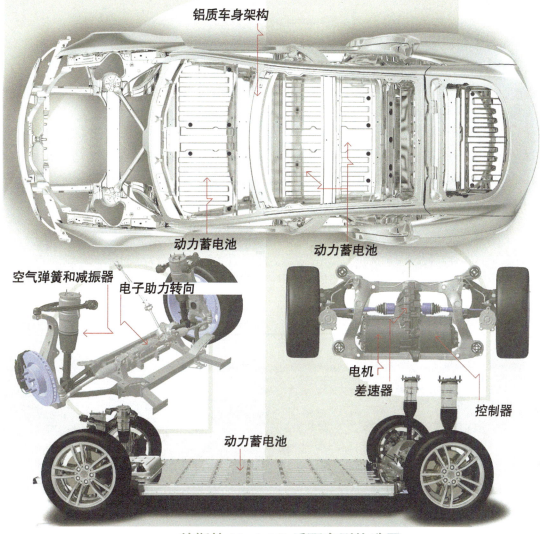

特斯拉 Model S 后驱车型构造图

特斯拉 Model S 双电机四驱车型构造图

第12节 奔驰EQC纯电动汽车图解

全新奔驰EQC纯电动汽车是基于奔驰EQ电动平台打造的第一款车型。它装备两台异步电动机,分别驱动前桥和后桥,从而实现电动四驱。这两台电机的综合最大输出功率达到300kW,最大综合峰值转矩为730N·m,0-100km/h加速时间为5.2s,最高车速180km/h,续驶里程可以达到415km。

两台电机在减速和制动时,都可以转换为发电机,从而实现能量回收并为动力蓄电池充电。此车的动力蓄电池在慢充时需要11h才能充满,而快充时只需要40min即可充满。

奔驰EQC纯电动汽车透视图

奔驰EQC纯电动汽车构造图

第5章 纯电动汽车

扫一扫，即可观看奔驰EQC纯电动汽车视频

奔驰EQC纯电动汽车能量流显示图

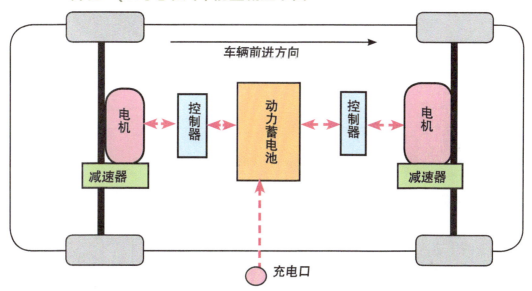

奔驰EQC纯电动汽车构造示意图

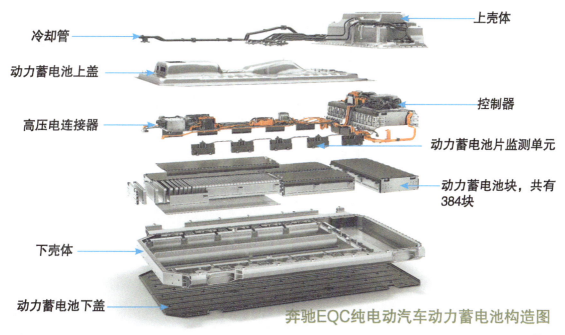

奔驰EQC纯电动汽车动力蓄电池构造图

第13节 奔驰B级纯电动汽车图解

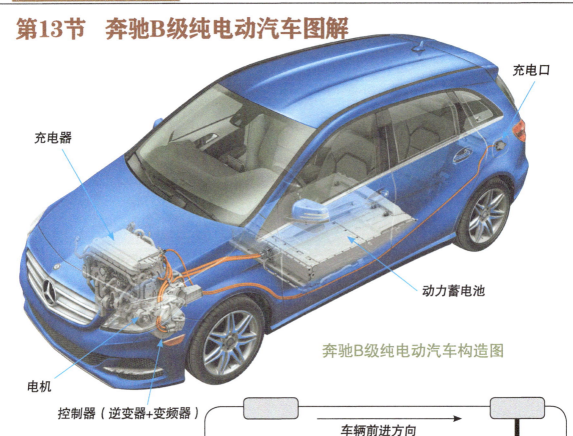

奔驰B级纯电动汽车构造图

奔驰B级纯电动汽车是与特斯拉合作的产品，它配备一台可以输出最大功率为100kW的电机，最大转矩可达到310N·m，这个数据与3.0L的汽油发动机相当。该车在动力蓄电池满电时续驶里程为200km，并且快充1h可以获得100km的续驶能力。该车0-100km/h的加速时间不到10s，最高车速为160km/h。

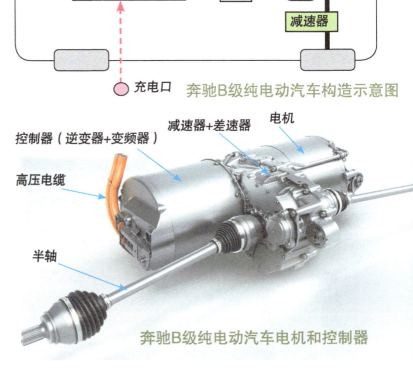

奔驰B级纯电动汽车构造示意图

奔驰B级纯电动汽车电机和控制器

奔驰B级纯电动汽车动力系统构造图

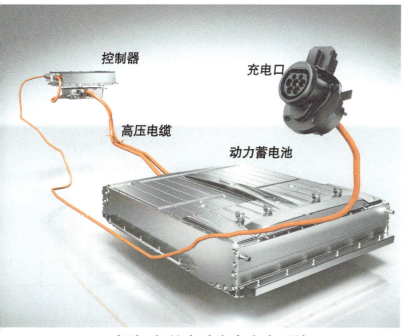

奔驰B级纯电动汽车充电系统

能量流图：充电状态

能量流图：电动状态

能量流图：能量回收状态

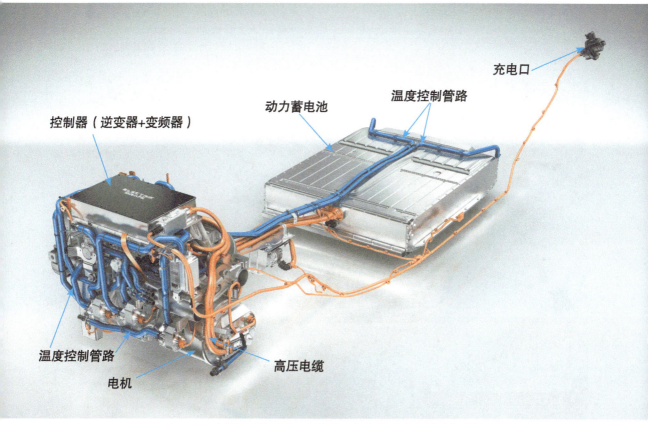

奔驰B级纯电动汽车动力和温度控制系统

第14节 宝马i3纯电动汽车图解

宝马i3是从零设计的纯电动汽车,它采用碳纤维材料打造车身,但底盘骨架采用钢结构。宝马i3共有三款车型:纯电动快充版、豪华型、增程型。它们的布局均为后置后驱。

宝马i3纯电动快充版配备一套22kW·h的锂离子蓄电池和最大输出功率125kW的电机,最大输出转矩250N·m,可在7.3s内从静止加速至100km/h,续驶里程可达340km。

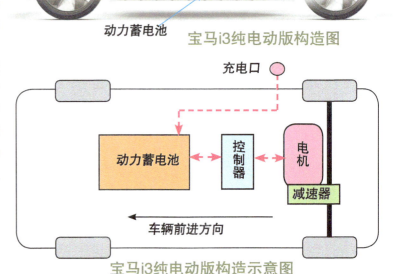

宝马i3纯电动版构造图

宝马i3纯电动版构造示意图

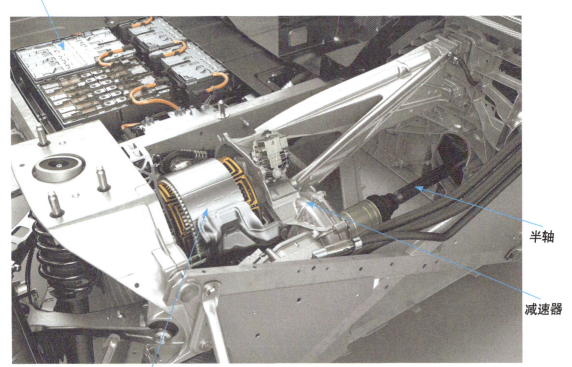

宝马i3纯电动汽车动力系统构造图

第5章　纯电动汽车

宝马i3纯电动汽车构造图

宝马i3纯电动汽车构造图

第15节 奥迪e-tron 纯电动SUV图解

奥迪e-tron纯电动SUV在前桥和后桥分配配备一个交流异步电机,组成双电机四驱形式,最大输出功率313kW,0-100km/h加速时间仅需5.7s,综合续驶里程约470km。充电站快充模式下直流充电约40min充电80%。家庭充电支持11kW交流充电,4.5h可以充满。

正常行驶情况下,奥迪e-tron采用后轴电机驱动,配备2速自动减速器。当车辆需要更大动力或需要脱困的时候,前轴电机迅速参与工作,组成电动四驱系统,并根据需要自动分配前轴和后轴的驱动力。

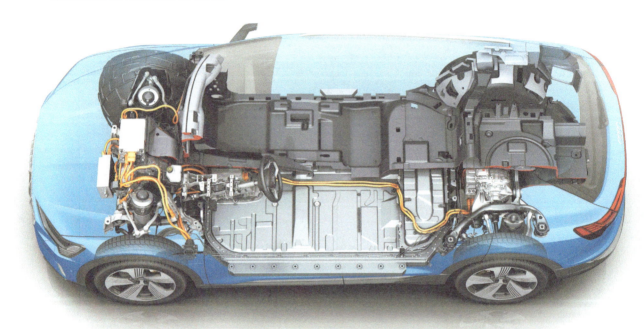

奥迪e-tron纯电动SUV构造图

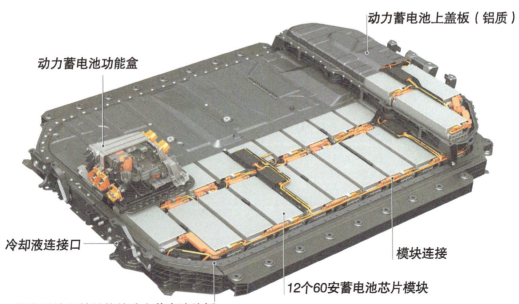

奥迪e-tron纯电动SUV锂离子动力蓄电池构造图

第5章 纯电动汽车

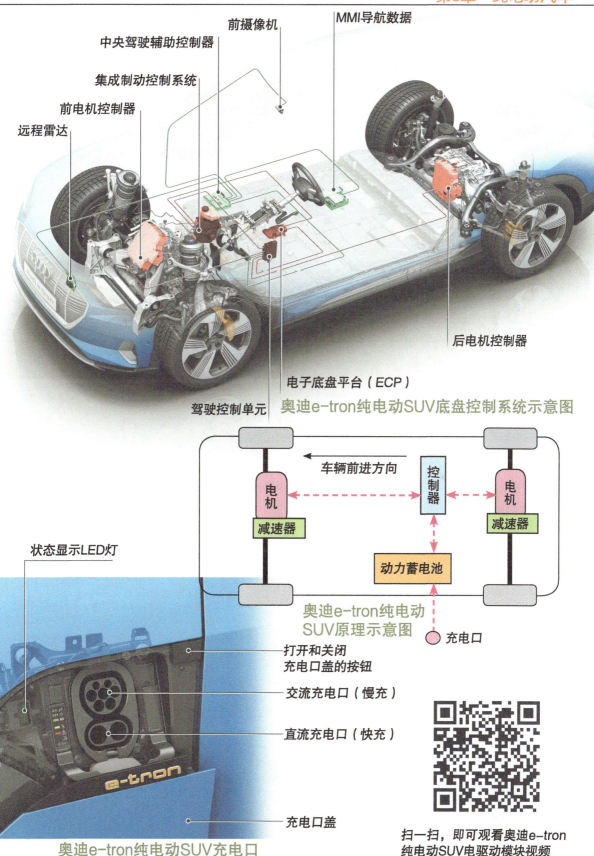

奥迪e-tron纯电动SUV底盘控制系统示意图

奥迪e-tron纯电动SUV原理示意图

奥迪e-tron纯电动SUV充电口

扫一扫，即可观看奥迪e-tron纯电动SUV电驱动模块视频

第16节 奥迪R8 e-tron纯电动跑车图解

最新款奥迪R8 e-tron纯电动跑车已是第二代车型,它的最大特点是采用两台电机分别驱动左后轮和右后轮,最大功率高达340kW,峰值转矩高达920N·m,0-100km/h的加速时间为3.9s,最高车速被限制在250km/h。这些数据表明,奥迪R8 e-tron完全是一款超级跑车。

奥迪R8 e-tron装备的92kW·h锂离子动力蓄电池在中央通道下和座椅后,此车的最大续驶里程高达450km,使用快充方式可以在2h内充满电。

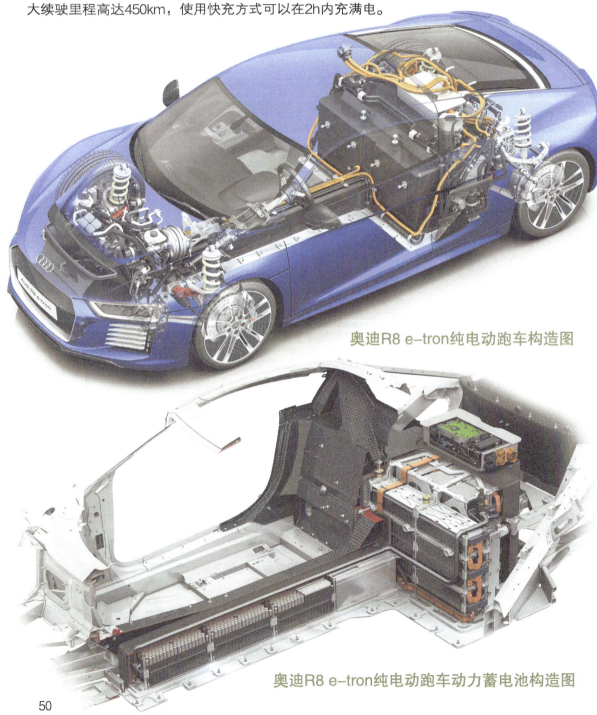

奥迪R8 e-tron纯电动跑车构造图

奥迪R8 e-tron纯电动跑车动力蓄电池构造图

第5章 纯电动汽车

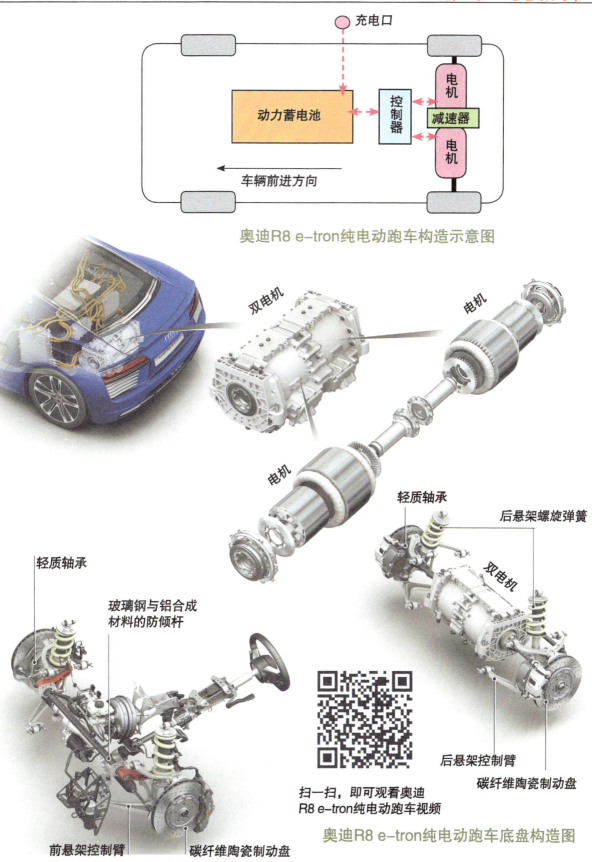

奥迪R8 e-tron纯电动跑车构造示意图

扫一扫，即可观看奥迪R8 e-tron纯电动跑车视频

奥迪R8 e-tron纯电动跑车底盘构造图

第6章 混合动力汽车

第1节 混合动力汽车是咋"混"的

混合动力系统是指两种不同形式的动力组合在一起，共同作为驱动汽车前进的动力系统，其动力形式主要有燃油发动机、燃气发动机和电机等。但通常我们所称的混合动力汽车，是指采用燃油发动机与电机两种动力组合的汽车，简称"油电混合"。

虽然都是采用发动机和电机来驱动汽车前进，但并不都是采用燃油和电两种能量供给方式。只采用燃油一种供给方式的混合动力汽车，我们通常称其为"普通混合动力汽车"；而可以采用外接电源充电的混合动力汽车，称其为"插电式混合动力汽车"。

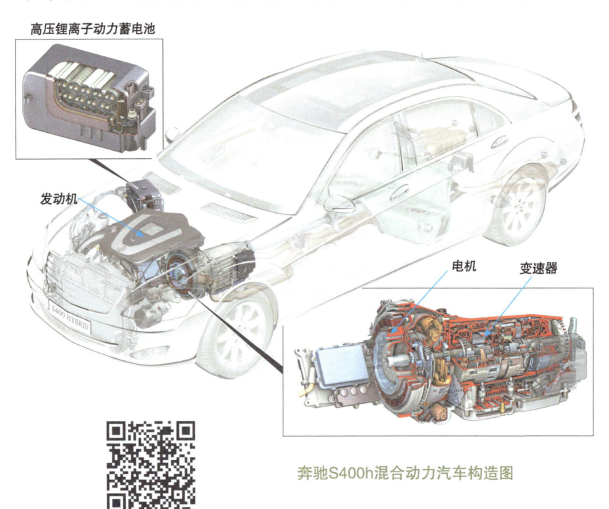

奔驰S400h混合动力汽车构造图

扫一扫，即可观看奔驰9AT与电机混合动力视频

第6章 混合动力汽车

根据电机在动力系统中的作用大小,可以将混合动力系统分为两种形式:

轻混合动力——不能纯电行驶,电机只起辅助作用

轻混合动力系统采用的是单独的高压电机,在汽车缓慢起步或低速行驶时,电机在电量饱满的情况下可以独立驱动汽车前进;当汽车处于加速或大负荷工况时,电机和发动机共同驱动车轮,在汽车需要更大动力时助"推"一下汽车,从而提高整车的起步和加速性能。这种混合动力系统中的电机一般设置在发动机和变速器之间,而不是独立设置。

现在的轻混系统一般都采用48V电气系统。相比原来的12V低压电气系统,48V电气系统可以直接驱动水泵、机油泵、空调压缩机等,减轻发动机的负担,从而达到节省燃油的目的。在德国一些轻混系统中,48V电气系统甚至可以驱动涡轮器,从而改善发动机在低转速时的涡轮迟滞问题。

代表车型:奥迪A8L Hybrid、奥迪Q5 Hybrid、吉利博瑞GE、奔驰S400h、凯迪拉克XT5混合动力、大众途锐Hybrid等。

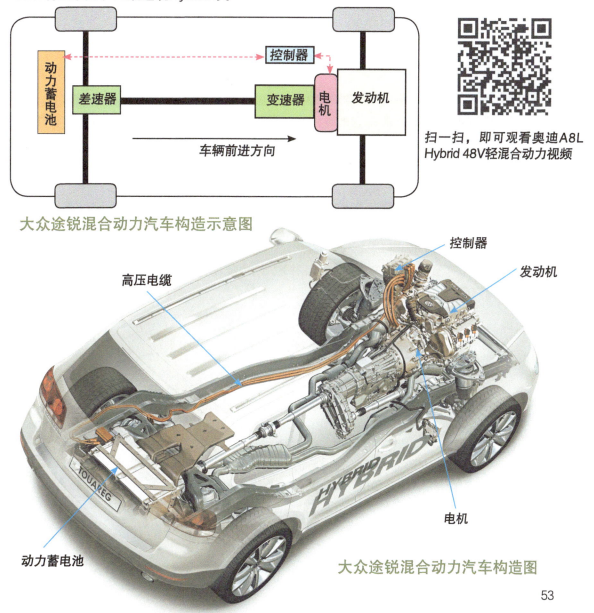

大众途锐混合动力汽车构造示意图

扫一扫,即可观看奥迪A8L Hybrid 48V轻混合动力视频

大众途锐混合动力汽车构造图

重混合动力——纯电续驶里程长

重混合动力系统采用272~650V的高压电机,通过车载动力蓄电池供电,电机可以在起步或巡航过程中单独驱动车辆行驶,在加速或动力蓄电池能量不足的情况下,再由发动机单独或联合电机驱动车辆。

与轻混合动力系统相比,重混合动力系统的混合度更高,其电机功率更高,车载动力蓄电池容量也更大,纯电续驶里程也更长。

重混合动力系统往往采用两台电机,其中一台充当发电机。而且它的电机一般都是独立安放,而不是设置在发动机与变速器之间。

扫一扫,即可观看
丰田雷凌双擎汽车视频

根据发动机与电机之间的关系,可以将混合动力系统分为三种形式:并联式、串联式和混联式

并联式混合动力——1台发动机+1台电机

代表车型:丰田普瑞斯、雷克萨斯RX450h、雷克萨斯CT200h、丰田雷凌双擎等。

所谓并联式混合动力,是指它的燃油发动机和电机可以分别独立地向汽车提供驱动力,两种动力耦合后共同驱动汽车。即使一种动力停止工作,也不会影响另一种动力继续驱动汽车。两种动力装置之间比较独立,都有自己单独的车载能量源,即燃油箱和动力蓄电池,因此称其为并联式混合动力。

并联式混合动力系统只是指在动力供给方式上相互独立,但并不一定在结构安排上也相互独立,有时它们在结构上还是"串联"在一起的,例如前面介绍的轻度混合动力系统。根据具体结构的不同,并联式混合动力也可以再细分为三种形式。见下页示图。

现在插电式混合动力汽车多数采用并联式混合动力形式,代表车型:奥迪A3 e-tron、高尔夫GTE等。

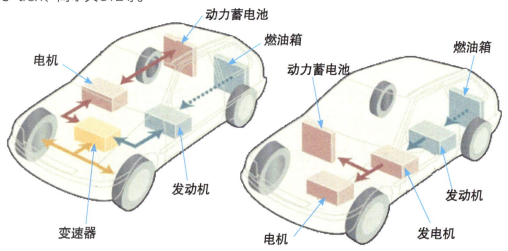

并联式混合动力系统构造示意图　　串联式混合动力系统构造示意图

第6章 混合动力汽车

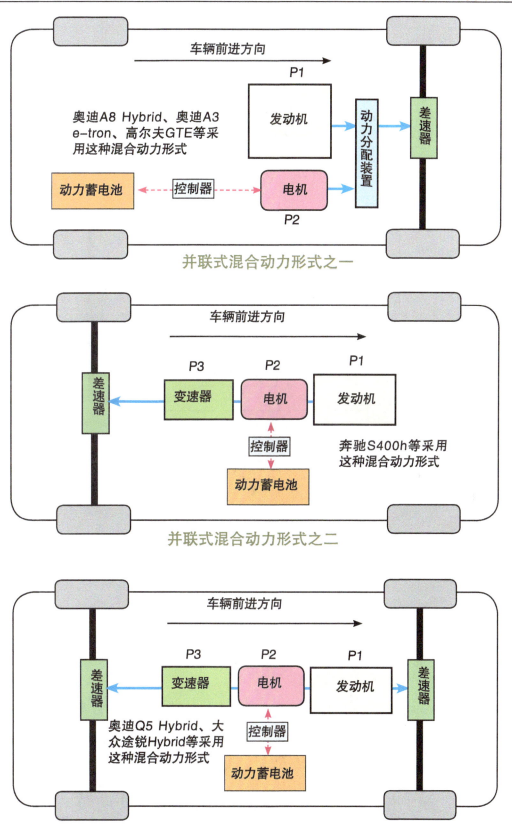

串联式混合动力——1台发动机+1台电机+1台发电机

所谓串联式混合动力，是指燃油发动机和电机不能分别驱动汽车前进，自始至终它只有一种动力驱动形式（多为电动形式）。

最常见的串联式混合动力汽车，也是依靠燃油和电能两种能量驱使汽车前进，但其燃油发动机无法直接驱动汽车，而只能用来带动发电机发电，并向电机提供电量，最终还是由电机来直接驱动汽车。燃油发动机只能间接通过发电机和电机才能发挥其作用。

串联式混合动力汽车实际上就是增程式电动汽车。代表车型：奥迪A1 e-tron概念车等。

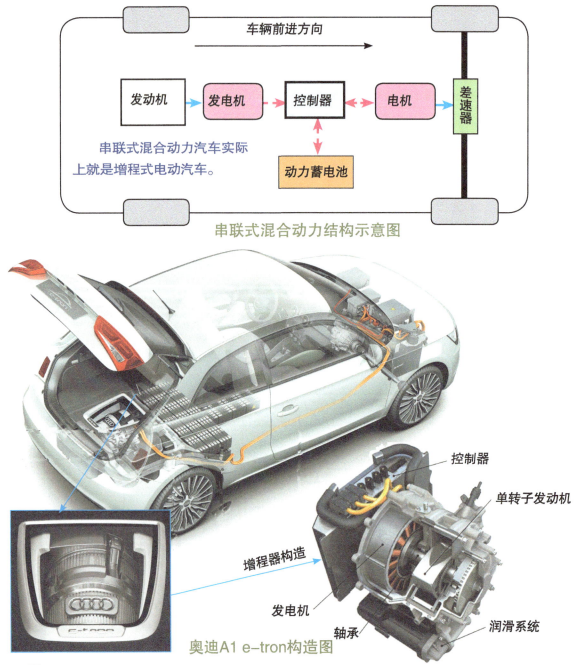

串联式混合动力结构示意图

奥迪A1 e-tron构造图

混联式混合动力——1台发动机+1台电机+1台发电机

在混联式混合动力系统中，不仅发动机和电机可以分别独立驱动汽车前进（并联混合），也可以由发动机带动发电机发电并向电机提供电量，然后由电机辅助驱动汽车前进（串联混合）。因此，在混联动力系统中，除了有一台电机、发动机外，还必须独立设置一台发电机。

代表车型：广汽G-MC混合动力系统、丰田双擎混合动力系统等，以及雷克萨斯的混合动力车型CT200h、雪佛兰的混合动力汽车等。

混联式混合动力结构示意图如下：

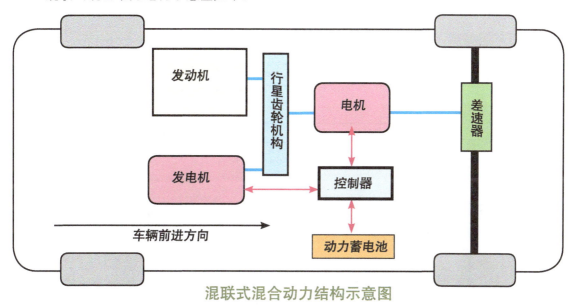

混联式混合动力结构示意图

下图是混联式混合动力原理示意图。从中可看出，当发电机不工作时，它就是一个并联式混合动力系统，电机和发动机都可独立向传动系统提供动力；当发动机带动发电机工作时，就会形成发动机→发电机→电机→传动系统的串联式动力链。

用手机扫一扫，即可观看本田混合动力汽车视频

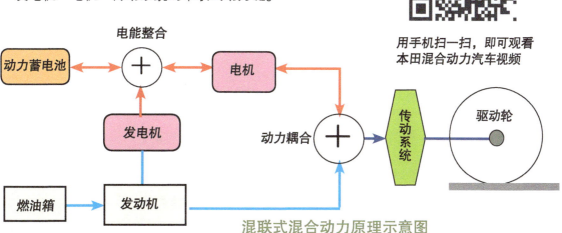

混联式混合动力原理示意图

第2节 动力模块P1、P2、P3是什么

在混合动力汽车中，由于存在多个动力模块，而且所放置的位置也有所不同，为了更清楚地表示每个动力模块的位置，尤其是标示混合动力模块的位置，就将动力模块按从前到后的顺序标示为P1、P2、P3等。例如从前到后分别是发动机（P1）、混合动力模块（P2）、变速器（P3）等。对于装有一前一后双电机的车型来说，还可能装有后驱动模块，将后动力模块称为P4。另外，如果在发动机的前端也装有一台电机，往往会称其为P0电机。

如果混合动力模块不是放置在发动机与变速器之间，而是将电机的动力输出与变速器的某根动力输出轴进行啮合，则称混合动力模块为P2.5，比亚迪唐插电式混合动力汽车的前混合动力模块就是如此。

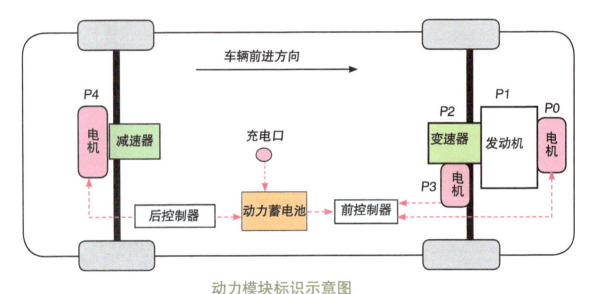

动力模块标识示意图

电动在混合动力系统中的作用总是处于下风

无论如何，普通的混合动力系统，也就是非插电式混合动力系统，都是以燃油发动机为主要动力，它只有一种补充能量的方式，就是加注燃油。其电机主要是依靠制动能量回收所得来的电能驱动的，无法通过外接电源来充电，而制动回收的能量又极为有限，受行驶条件和驾驶操作限制，因此其动力蓄电池的容量也极小。电机在混合动力系统中的作用无法与发动机相比，只能处于绝对的辅助地位。而插电式混合动力系统，其电力驱动的作用相对较强些，纯电行驶里程一般可以达到50~80千米，但与相之配合的发动机的续驶里程相比相差较远，因此电动在混合动力系统中的作用总是处于下风。

第3节 混合动力模块有哪些形式

怎样才能将发动机与电机的动力整合在一起,或者说怎样将这两股甚至三股力量"混"成一股力量,是混合动力汽车的核心技术。电机及其动力整合机构的组合称为混合动力模块。

混合动力模块还有不少别名,如驱动电桥、动力分配装置、动力复合机构、动力耦合机构等,其实都是指分配和协调发动机、电机动力的机构。

混合动力模块

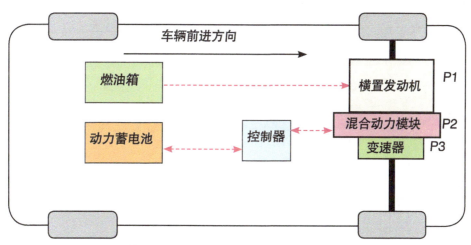

前横置发动机混合动力模块位置示意图

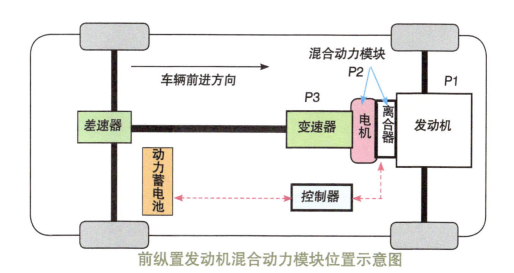

前纵置发动机混合动力模块位置示意图

混合动力模块之一：单电机+离合器

第一种模块由电机和离合器组成。混合动力模块的离合器端与发动机相连，电机端则与变速器相连，因此一般都称这种混合动力模块为P2，因为它位于发动机与变速器之间。这种采用单电机+离合器的混合动力模块，主要适用于单电机式混合动力车型，包括大众、奥迪、奔驰、长安、比亚迪和长城等混合动力车型，不论是前横置发动机车型，还是前纵置发动机车型，只要是单电机的混合动力汽车，基本都采用"电机+离合器"式的混合动力模块。

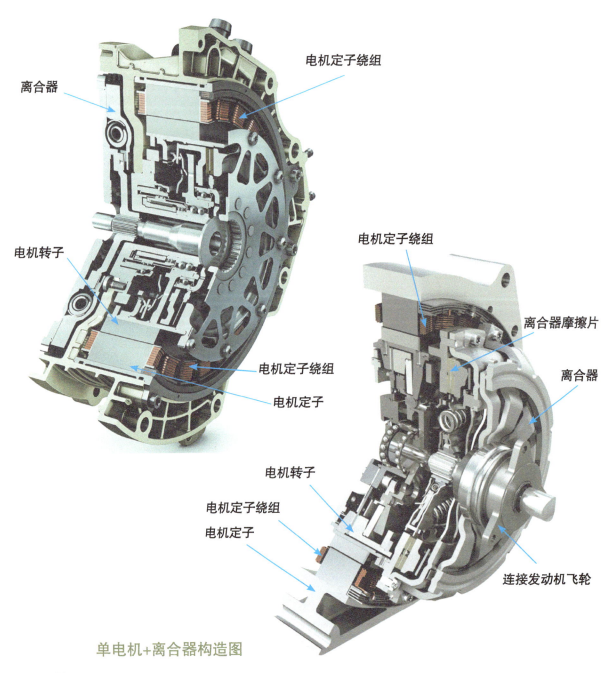

单电机+离合器构造图

混合动力模块之二：单电机+行星齿轮机构

第二种混合动力模块比较少见，它采用1台电机与行星齿轮机构组合，其行星齿轮机构的齿圈、行星架及太阳轮，分别与电机、变速器及发动机连接，利用行星轮的特点来协调并分配电机和发动机的动力。采用这种混合动力模块的车型有奇瑞艾瑞泽7混合动力汽车等。

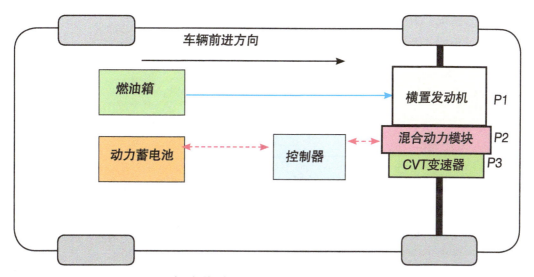

奇瑞艾瑞泽7混合动力模块位置示意图

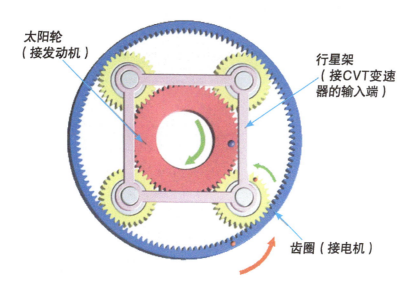

奇瑞艾瑞泽7混合动力模块中行星齿轮机构连接示意图

61

混合动力模块之三：双电机+行星齿轮机构

第三种混合动力模块由2台电机（其中1台作为发电机）和行星齿轮机构组成，它主要适用于双电机式混合动力车型，其行星齿轮机构的齿圈、行星架和太阳轮，分别与2台电机和1台发动机相连，利用行星齿轮机构的特殊性能，协调2台电机与1台发动机三者之间力量的混合。

行星齿轮机构是一个神奇的齿轮机构，它在自动变速器和中央差速器中都有应用。它由齿圈、太阳轮，以及夹在二者中间的行星轮（一般固定在行星架上）三部分组成。这三部分齿轮之间的关系非常微妙，不论是调节哪个齿轮，都会影响另外两个部分齿轮的转动。正是利用行星齿轮机构的这个特性，将混联式混合动力的1台电机、1台发电机和1台发动机这三个动力源组成一个动力共同体，使它们三者之间默契配合，相互协调，使车辆总能以最佳性能行驶。其实，行星齿轮机构起到动力分配的作用，与一些四驱汽车中央差速器的作用相当。

采用这种混合动力模块的车系主要包括丰田混合动力车型（包括雷克萨斯）、通用混合动力车型（包括雪佛兰）、上汽荣威混合动力车型等。它们的原理基本相同，只是具体设计稍有差别。在丰田普锐斯混合动力汽车上，齿圈与主电机相连，行星架与发动机相连，太阳轮与发电机相连。这三者之间的具体配合方式，可参看下节内容。

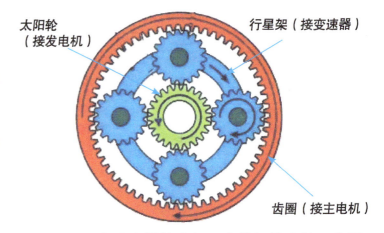

丰田混合动力模块中行星齿轮机构连接示意图

丰田2台电机+行星齿轮机构混合动力模块构造图

第6章 混合动力汽车

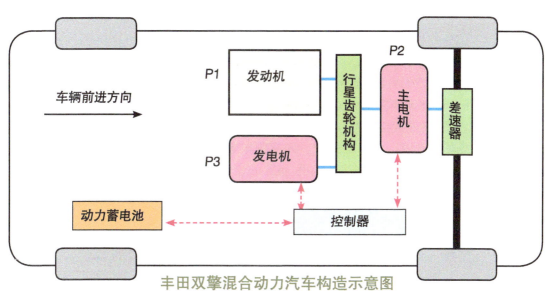

丰田双擎混合动力汽车构造示意图

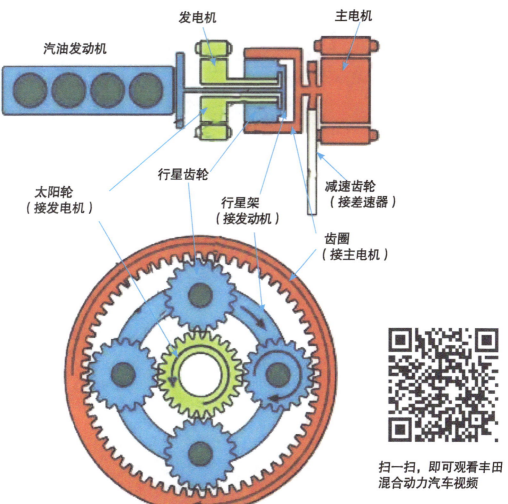

丰田普锐斯混合动力变速机构示意图

扫一扫，即可观看丰田混合动力汽车视频

混合动力模块之四：1电机+2速变速器+离合器

电机转速相对于发动机来说要高得多，如异步电机的转速范围为12000~20000r/min，永磁同步电机的转速范围为4000~10000r/min。为了更方便地控制车速，必须将电机的转速降低，这就需要在电机的输出端配备减速器（或称减速齿轮），共同组成所谓的"驱动电桥"。不论是混合动力汽车还是纯电动汽车，大多要配备减速器。

对于一些车型来说，如四驱SUV、四驱跑车等，仅仅为没有变速器的电机装配一个减速器还不够，因为SUV、跑车对转矩和转速的变化范围要求更高，如在爬坡时要求低转速、高转矩，而在高速运行时又需要高转速、低转矩。为了满足这些要求，往往都会为没有变速器的电机再配一台2速自动变速器，使它可以很好地满足苛刻的行驶要求。例如，宝马i8的前驱动电桥就是由电机和一台2速变速器组成。

带变速器的电动模块

舍弗勒2速平行轴驱动电桥构造图

第4节　丰田普锐斯混合动力汽车图解

丰田普锐斯混合动力汽车采用混联式混合动力，它有一台电机和一台发电机，其中电机的最大功率为53kW，最大转矩为163N·m。发动机则采用1.8L的自然吸气汽油发动机，最大功率72kW，最大转矩142N·m。电机、发电机和发动机三者之间通过一个行星齿轮机构协调配合，具体构造见前页，而其工作过程则参看下页。

丰田普锐斯混合动力汽车的动力蓄电池有两种选择：一是锂离子动力蓄电池；二是镍氢动力蓄电池。

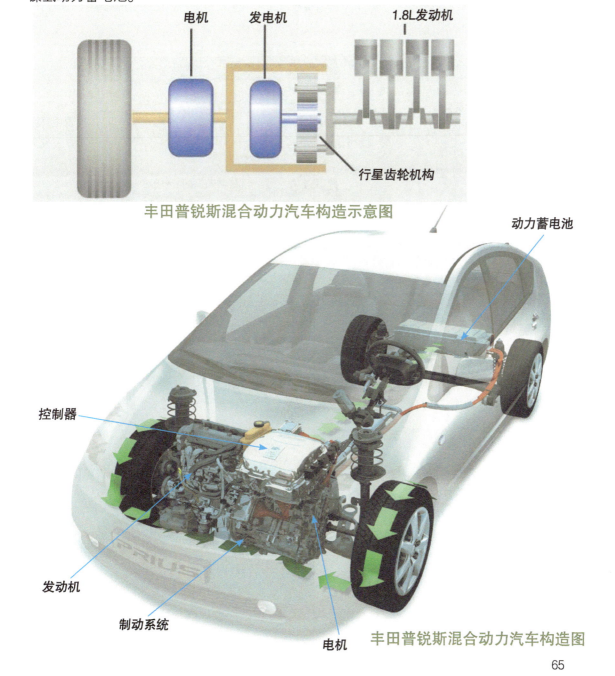

丰田普锐斯混合动力汽车构造示意图

丰田普锐斯混合动力汽车构造图

丰田普锐斯混合动力汽车工作流程示意图

起步

起步时只有电机参与工作，发动机不起动。因为发动机不能在低转速时输出较大转矩，而电机则可以在低转速时就输出最大转矩，保证车辆顺利起步。

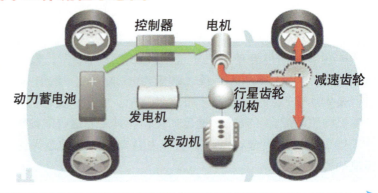

低速和中速行驶

对于发动机而言，在低速和中速时的效率并不理想，而电机在低速和中速时性能优越。因此，在以0~20km/h的速度行驶时，油电混合动力系统只使用电机驱动汽车行驶。

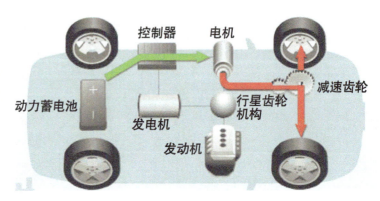

一般行驶

一般行驶时，以发动机工作为主，并且发动机带动发电机向电机供电，使电机也能辅助发动机驱动汽车前进。如果这时发动机产生多余的能量，则这部分能量由发电机转换成电力，储存在动力蓄电池中。

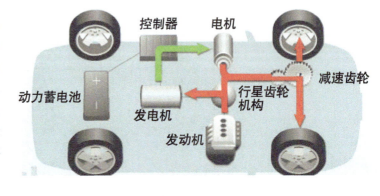

扫一扫，即可观看丰田混合动力汽车视频

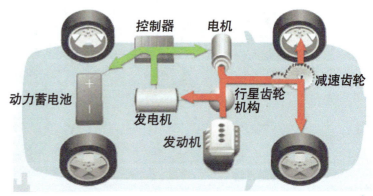

第6章　混合动力汽车

加速行驶

当汽车需要加速行驶时（例如爬陡坡及超车），不仅发动机参与工作，而且动力蓄电池也提供电力来加大电机的驱动力。此时，发动机和电机双重动力共同驱动汽车加速前进。

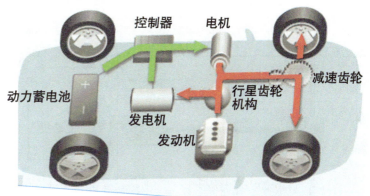

减速或制动

当踩下制动踏板或松开加速踏板时，车辆的惯性带动车轮继续旋转，车轮带动电机旋转，此时电机处于发电机工作状态，发电并将电能储存于动力蓄电池中，回收能量以便再利用。

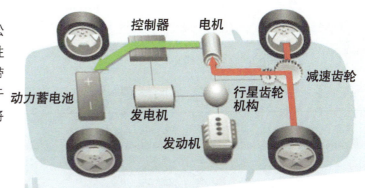

停车

当停车时，发动机和两台电机都不工作，车辆完全静止。

丰田普锐斯混合动力汽车构造图

第5节 奔驰S400混合动力汽车图解

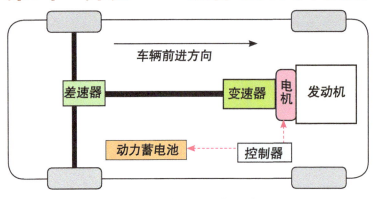

奔驰S400混合动力车型构造示意图

奔驰S400混合动力车型采用汽油发动机与电机混合动力系统,其中3.5L的汽油发动机提供205kW的功率,同时,其电机也可产生15kW的输出功率和160N·m的起动转矩。在汽油发动机和电机的共同作用下,奔驰S400综合输出功率达到220kW,综合最大转矩为385N·m。

奔驰S400的混合动力模块中,圆盘形电机扮演着电动机和发电机的双重角色。在加速阶段,电机作为电动机使用,介入动力辅助工作,提供160N·m的最大额外转矩,帮助车辆达到转矩峰

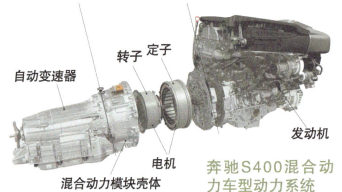

奔驰S400混合动力车型动力系统

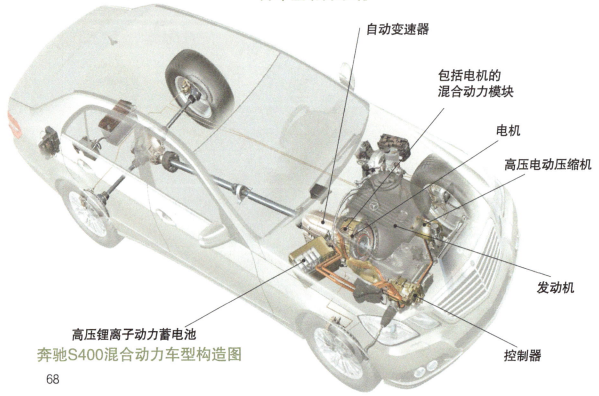

奔驰S400混合动力车型构造图

第6章 混合动力汽车

值。也就是说，在加速阶段，虽然汽油发动机动力也较强，但在电机"帮一把力"的情况下，车辆能得到更快的加速动力，自然就可节省汽油发动机的一部分能量。这是一种"以加为减"的节能哲学。

在制动过程中，电机会充当发电机的角色，能够回收制动过程中损失的动能，将回收的能量储存在锂离子动力蓄电池之中，并在需要时重新利用。

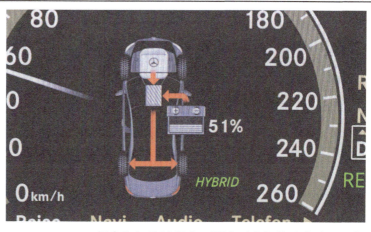

起步和加速过程中，圆盘形电机作为电动机，与发动机一起，形成合力共同驱动车轮旋转，帮助汽车以更大的驱动力起步或加速

制动过程中，后轮拖动发动机运转，发动机再拖动圆盘形电机运转，此时电机作为发电机工作，向动力蓄电池充电

奔驰S400混合动力车型电机

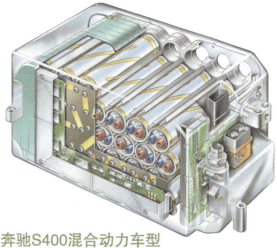

奔驰S400混合动力车型
高压锂离子动力蓄电池

第6节 雪佛兰迈锐宝混合动力汽车图解

新款雪佛兰迈锐宝（MALIBU）混合动力汽车采用与雪佛兰沃蓝达（VOLT）插电式混合动力汽车相似的混合动力系统，也是采用1台发动机+2台电机（其中1台作为发电机）+行星齿轮机构组合。不同的是，汽油发动机的排量由1.5L调整为1.8L。新一代迈锐宝混合动力车型在纯电模式下最高车速可达到86km/h，纯电模式下续驶里程可达到80km。迈锐宝混合动力车型的具体工作方式可参看第7章第7节关于雪佛兰沃蓝达插电式混合动力汽车的介绍。

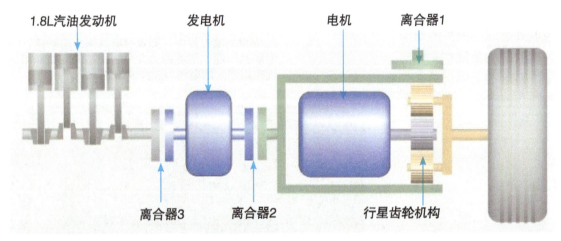

迈锐宝混合动力汽车构造图

第6章 混合动力汽车

迈锐宝混合动力汽车动力和传动系统

迈锐宝混合动力汽车底盘

迈锐宝混合动力汽车锂离子动力蓄电池系统

第7章 插电式混合动力汽车

第1节 谁是插电式混合动力汽车

可以使用外接电源为车载动力蓄电池充电的混合动力汽车，叫作插电式混合动力汽车。插电式混合动力汽车有两套动力系统——发动机和电机。这两套动力系统不仅相互独立（都可以独立获得能量补充、都可以独立驱动汽车行驶），又可以相互协作，共同驱动汽车前进。

在日常使用过程中，它可以作为一台纯电动汽车来使用，但一般插电式混合动力汽车的纯电续驶里程都较短，往往不会超过60km。当然它也可以当作一台纯燃油汽车来使用，只是它的重量要比普通燃油汽车增加不少。

插电式混合动力汽车主要分为并联式混合动力汽车和混联式混合动力汽车两种。

并联式插电混合动力汽车

并联式插电混合动力汽车一般只有一台电机，这台电机与发动机的动力系统是并联关系，它们的动力通过动力复合装置整合后，共同向汽车提供驱动力。

代表车型：比亚迪秦、荣威550 Plug-in、华晨宝马530 Le、奥迪A3 e-tron、沃尔沃S60LE、宝马i8、奔驰S500 Plug-in Hybrid、大众高尔夫GTE等。

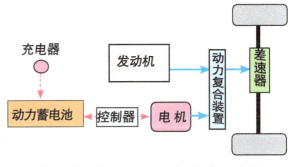

并联式插电混合动力汽车构造示意图

并联式插电混合动力汽车构造图

混联式插电混合动力汽车

混联式插电混合动力汽车一般都会拥有一台电机和一台发电机。电机和发动机都可独立向汽车提供驱动力（并联关系）；同时，在动力蓄电池的电量不足时，发动机还可以带动发电机发电并向电机供电（串联关系）。

代表车型：上汽EDU混合动力系统（含荣威ei6、eRX5车型）、丰田普锐斯插电式混合动力车型等。

混联式插电混合动力汽车的工作过程如下：

1）当起步或低速行驶时，汽车依靠电机驱动车轮前进，此时由动力蓄电池向电机提供电能。

2）只有当汽车急加速或高速行驶时，或动力蓄电池电量不足时，发动机才参与工作并直接驱动车轮，同时发动机还带动发电机发电并将电能供给电机。此时，电机与发动机共同驱动车轮，使汽车拥有更大的驱动力。

3）动力蓄电池的电能有三种来源方式：一是当车辆减速或制动时，车轮带动电机旋转，此时电机作为发电机发电；二是发动机直接带动发电机发电；三是外接电源为汽车充电。

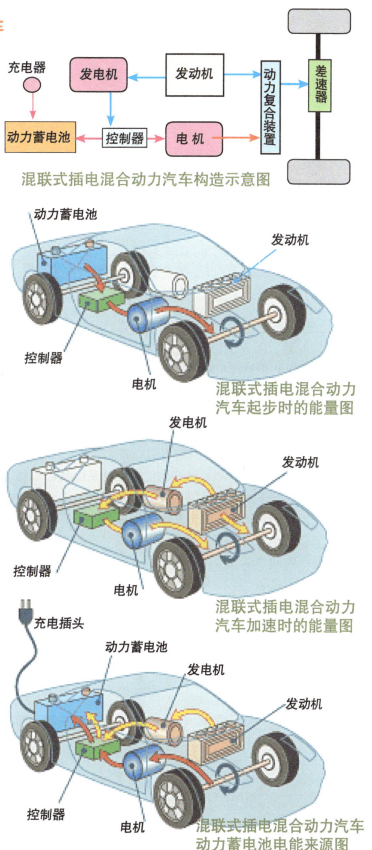

混联式插电混合动力汽车构造示意图

混联式插电混合动力汽车起步时的能量图

混联式插电混合动力汽车加速时的能量图

混联式插电混合动力汽车动力蓄电池电能来源图

第2节 插电式与非插电式有什么区别

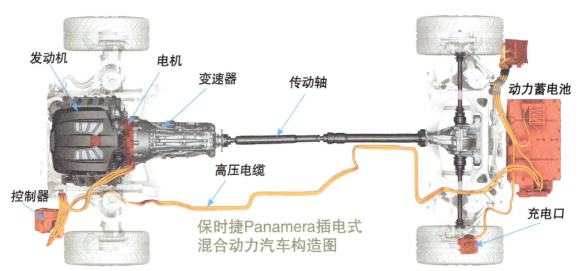

保时捷Panamera插电式混合动力汽车构造图

1)普通混合动力（非插电式混合动力）汽车的动力蓄电池容量很小，只是用来储存回收来的能量，并不能进行外部充电；而插电式混合动力汽车的动力蓄电池相对要稍大些，并且可以利用外接电源为动力蓄电池充电。

2)普通混合动力汽车不能用纯电模式行驶较长距离，一般仅为数千米；插电式混合动力汽车的动力蓄电池容量相对较大，可以外部充电，满电情况下可以纯电模式行驶数十千米。

3)普通混合动力汽车的电力驱动系统完全处于辅助地位，极少情况下才会以纯电模式行驶；而插电式混合动力汽车的电力驱动系统虽然也处于次要地位，但它可以纯电模式行驶较长距离，电机功率也相对较大。

4)相对普通混合动力汽车而言，插电式混合动力汽车的自重更大，制造成本更高，售价也更高。从节能和实用性讲，插电式混合动力汽车可能是目前最合适的过渡车型。它不仅具有与燃油汽车相当的续驶里程，而且还能使用电能来驱动汽车，可谓是既节能又环保，同时还避免了"里程焦虑症"。

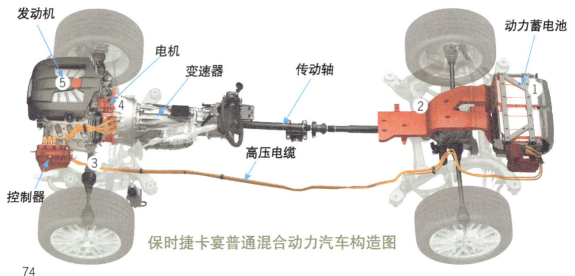

保时捷卡宴普通混合动力汽车构造图

第3节　单电机插电式混合动力汽车

电机的体积要比燃油汽车上的发动机小得多，因此一台插电式混合动力汽车可以采用一台或两台电机，然后再加上一台小型的发动机，共同组成所谓的"双擎"或"三擎"动力系统。

单电机插电式混合动力汽车只有一台电机（发动机上的起动机不算），它与发动机共同驱动车轮，但在减速或制动时充当发电机，用来回收制动能量。

因为只有一台电机，不能同时发电和驱动车轮，所以发动机与电机共同驱动车轮的工况不能持久。持续加速时，动力蓄电池的能量会很快耗尽，只能转成发动机单独驱动模式。

在混合动力模式下，发动机不能保证一直在最佳转速下工作，因此油耗较高。只有在堵车时因为使用发动机的自动起停功能，油耗才会较低。

代表车型：奥迪A3 e-tron、大众高尔夫GTE、奔驰S500插电版、宝马i8、比亚迪秦。

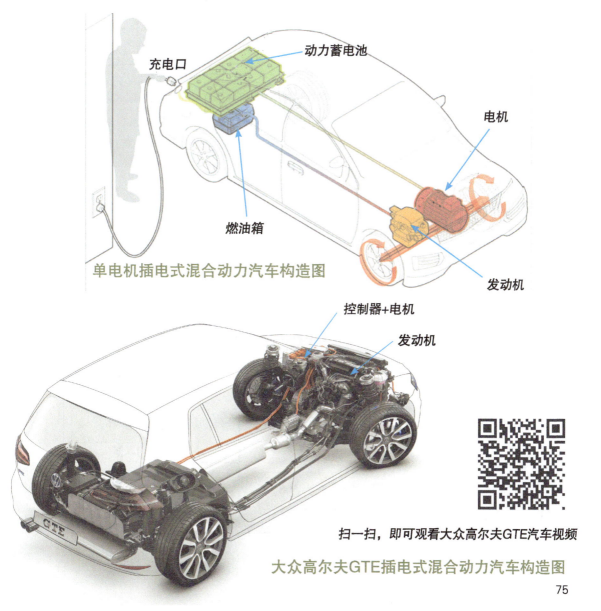

单电机插电式混合动力汽车构造图

扫一扫，即可观看大众高尔夫GTE汽车视频

大众高尔夫GTE插电式混合动力汽车构造图

第4节 双电机插电式混合动力汽车

一些混合动力汽车装备两台电机,并且分双电机两驱车型和双电机四驱车型。

双电机两驱车型

双电机两驱车型的一台电机仅用于直接驱动车轮,另一台电机具有双重角色:当需要加速时,充当电动机直接驱动车轮,与发动机共同驱动汽车加速前进;当动力蓄电池的电量不足时,就充当发电机,给动力蓄电池充电。代表车型:上汽荣威ei6和eRX5车型、丰田普锐斯插电式车型、雪佛兰沃蓝达插电式车型等。

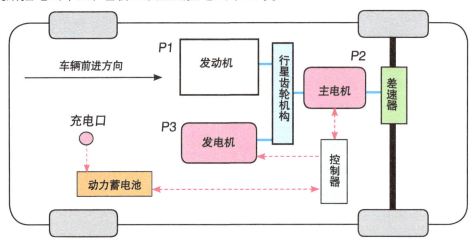

丰田插电式混合动力两驱汽车构造示意图

双电机四驱车型

双电机四驱车型一般是一前一后放置两台电机,其中一台电机与发动机集成在一起,另一台电机则单独放置。这种模式最大的特点是可以在前轮驱动、后轮驱动、四轮驱动三种模式间切换。追求加速性能的时候,采用四轮驱动模式;高速行驶时,车辆重心后移,可以后轮驱动,以便拥有更高的效率,达到省电或省油的目的;低速行驶时,前轮驱动有

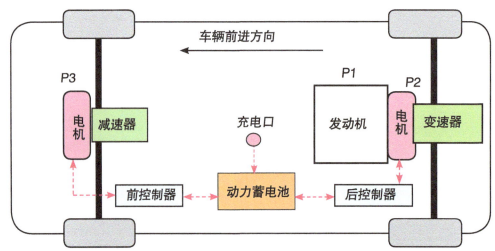

保时捷918 Spyder插电式混合动力汽车构造示意图

第 7 章　插电式混合动力汽车

更高的效率，可以采用前轮驱动模式。代表车型：比亚迪的双擎四驱车型（含唐、宋、秦等）、保时捷918 Spyder等。

双电机的优点

在纯电模式下，具有安静、使用成本低的优点，发动机可以一直控制在最佳转速，油耗低，噪声小，振动小。在混合动力模式下，两台电机与发动机一起工作，使车辆具有非常好的起步和加速性能。在充电模式下，一台电机充当发电机为动力蓄电池充电，可延长续驶里程。

双电机的缺点

结构复杂，拥有两台电机、一台发动机、一台变速器，配套的控制器、动力蓄电池、传动系统、油路等一个也不能少，制造成本要高于其他类型的插电混合动力，整车的总重量也会大一些。为了让两台电机和一台发动机能够协调配合，需要不同的工作模式，控制系统相对比较复杂，对控制技术的要求比较高。

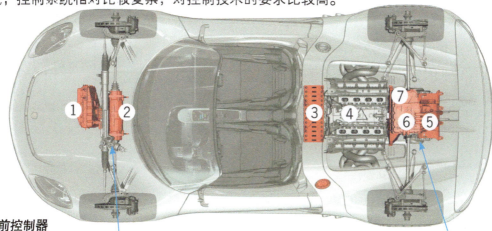

1. 前控制器
2. 前置电机
3. 锂离子动力蓄电池
4. V8汽油发动机
5. 保时捷双离合变速器
6. 后置电机
7. 后控制器

保时捷918 Spyder插电式混合动力汽车构造图

第5节 三电机插电式混合动力汽车

比亚迪推出一种名为DM双擎四驱和三擎四驱的混合动力系统，分别装备了两台和三台电机。然而所谓的"双擎"和"三擎"却并不是指电机的数量，而是指一台发动机加上一台或两台电机的数量，意思是分别具有两个或三个动力源。

比亚迪DM双擎四驱装备一前一后两个电机，其中前面那个电机的功率较小，装备在发动机前端的那个电机称为P0模块，它不与变速器或减速器相连，只是辅助发动机起动和用于发电，不仅使发动机的起动更平顺，而且还可以为动力蓄电池及其他电机充电，还可以实现自动起停等功能。

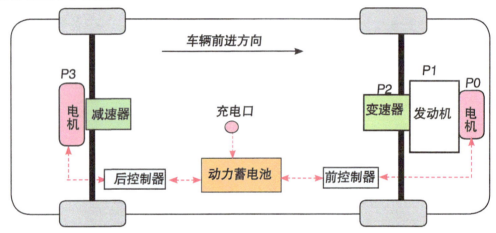

比亚迪DM双擎四驱插电式混合动力汽车构造示意图

比亚迪DM双擎四驱混合动力系统的前轴由发动机驱动，而后轴则有另一台大功率的电机驱动，通过减速器驱动后轴，从而实现四轮驱动。在纯燃油状态下，只能实现前轮驱动；在纯电状态下，只能实现后轮驱动。当发动机和后轴上的电机一起工作时，才可以实现四轮驱动，因此称为双擎四驱。这里的双擎是指"发动机+后轴电机"。

比亚迪还推出一种三擎四驱混合动力系统，它采用了三台电机，即在变速器的输出轴上增加装备一台电机，用来直接驱动前轴，从而可以实现在纯电状态下能够四轮驱动。

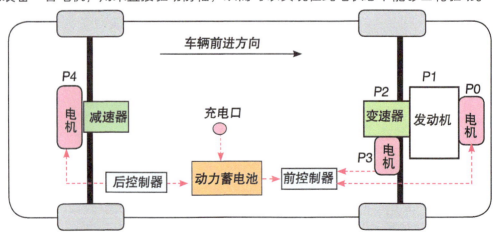

比亚迪DM三擎四驱插电式混合动力汽车构造示意图

第6节　上汽荣威插电式混合动力汽车图解

上汽集团推出名为EDU的混合动力系统，并应用在荣威eRX5、荣威ei6等插电式混合动力车型上。EDU混合动力系统的最大特点是配备了一台2速变速器。这台变速器相当于一台2速双离合变速器，具有手动变速器的齿轮传递构造，又具有自动变速的功能，不需要人工操作。在这个2速变速器的两端，分别装备一台电机，其中一台为主电机，功率较大，主要用于动力驱动，另一台功率较小，主要用于发电。这两台电机分别通过离合器与2速变速器相连。

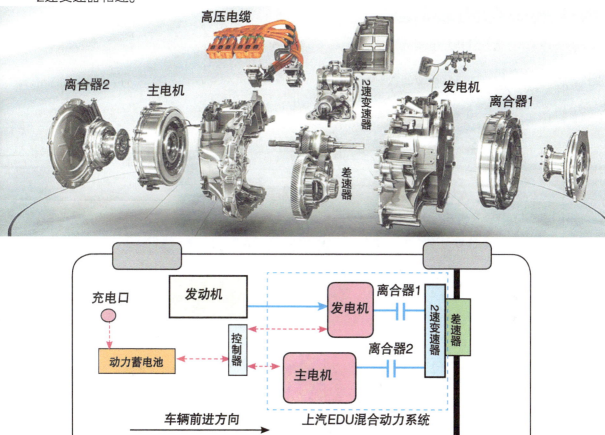

上汽EDU插电式混合动力两驱汽车构造示意图

当动力蓄电池中电量较充足并且车辆对转矩需要适中时，离合器1分离，发动机和发电机和不工作，只有主电机工作，离合器2闭合，车辆处于纯电驱动状态。

当动力蓄电池中电量较低、转矩需要也较低时，离合器1分离，发动机带动发电机发电，向动力蓄电池充电，同时主电机也工作，离合器2闭合，车辆处于纯电驱动状态。

当有较大的转矩需求时，发动机、发电机和主电机都工作，两个离合器都闭合，车辆处于电力驱动和燃油动力驱动状态。

滑行和制动状态下，两个离合器都闭合，在车身惯性的拖动下，主电机与发电机都处于发电状态，共同向动力蓄电池充电。

第7节 奥迪A3插电式混合动力汽车图解

奥迪A3插电式混合动力汽车，其混合动力模块位于发动机与变速器之间，属于并联式混合动力，电机和发动机都可以独立驱动汽车前进。在发动机单独运转时，可通过双质量飞轮绕开电机直接将动力传递给变速器；在纯电动模式下，仅将电机的动力传递给变速器。奥迪A3插电式混合动力汽车的最大综合续驶里程为940km，最大纯电续驶里程为50km。

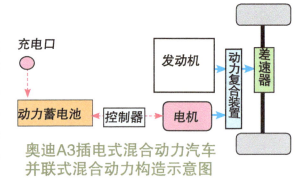

奥迪A3插电式混合动力汽车并联式混合动力构造示意图

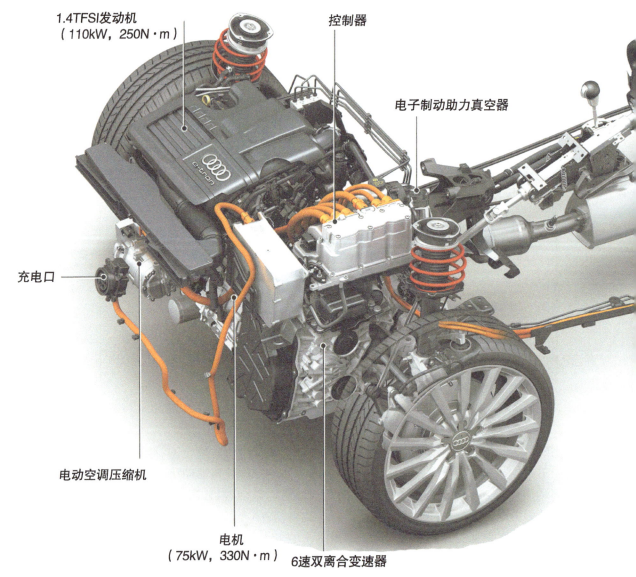

奥迪A3插电式混合动力汽车构造图

第7章 插电式混合动力汽车

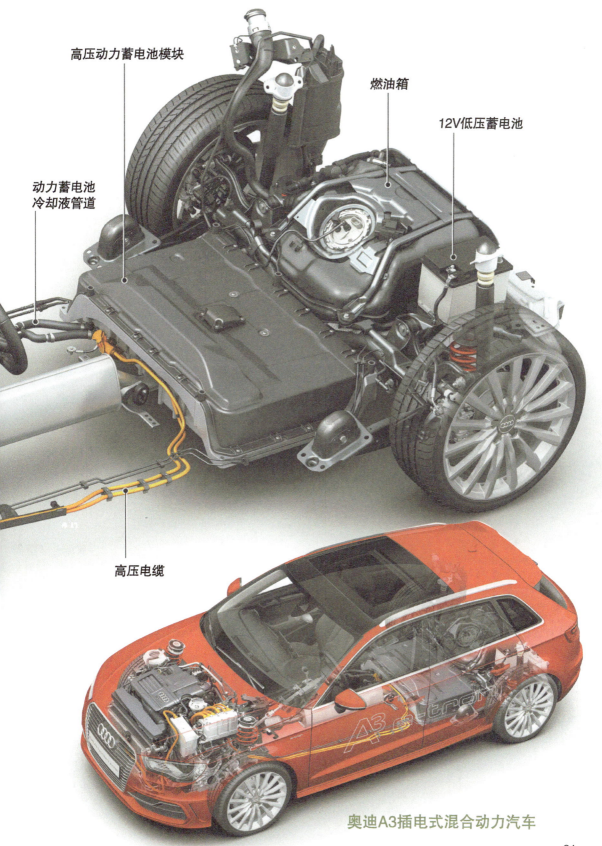

奥迪A3插电式混合动力汽车

奥迪A3 插电式混合动力汽车动力系统

奥迪A3插电式混合动力汽车的动力系统由1.4TFSI涡轮增压汽油机（最大功率110kW，最大转矩250N·m）、一台输出功率为80kW的电机以及6速双离合变速器组成。电机可以单独驱动车辆，也可与汽油机协同推动车辆（二者之间通过分离离合器进行分离和接合），还可实现制动能量回收。

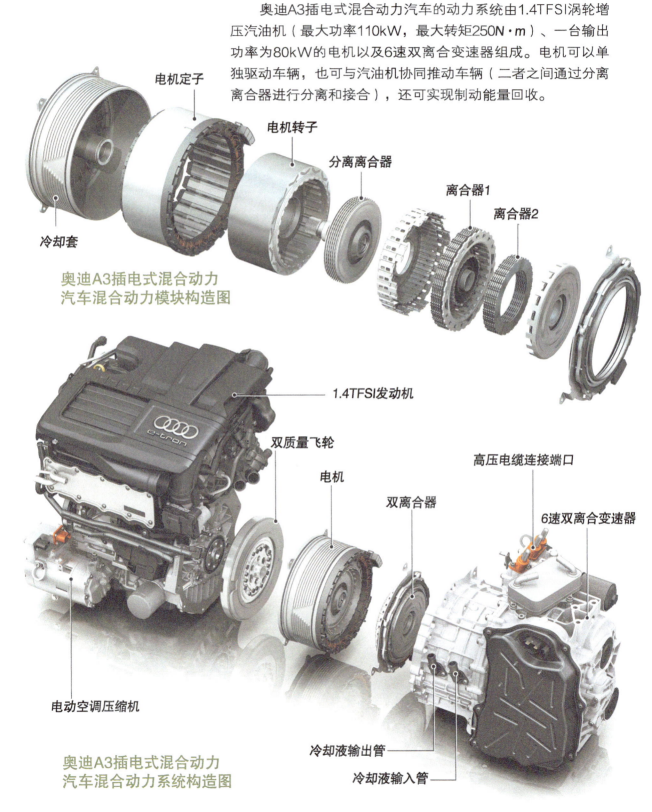

奥迪A3插电式混合动力汽车混合动力模块构造图

奥迪A3插电式混合动力汽车混合动力系统构造图

第7章 插电式混合动力汽车

奥迪A3插电式混合动力汽车动力蓄电池构造图

奥迪A3插电式混合动力汽车配备的锂离子动力蓄电池组容量为8.8kW·h，其外壳由铝材制成，内部包括8个模块，共计96个单体蓄电池。如采用工业电压充电，约2h可充满；如采用家用电压充电，约5h可以充满。

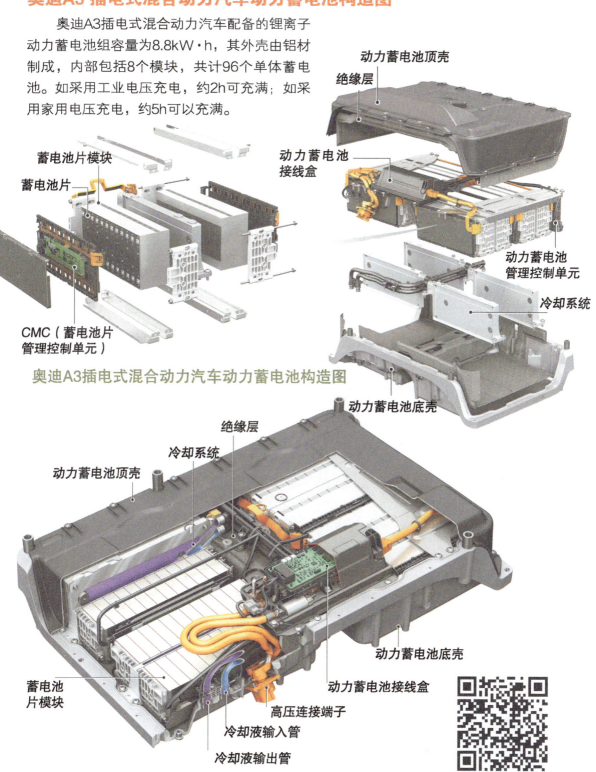

奥迪A3插电式混合动力汽车动力蓄电池构造图

奥迪A3插电式混合动力汽车动力蓄电池管理系统构造图

扫一扫，即可观看奥迪A3插电式混合动力汽车视频

奥迪A3 插电式混合动力汽车动力蓄电池冷却系统

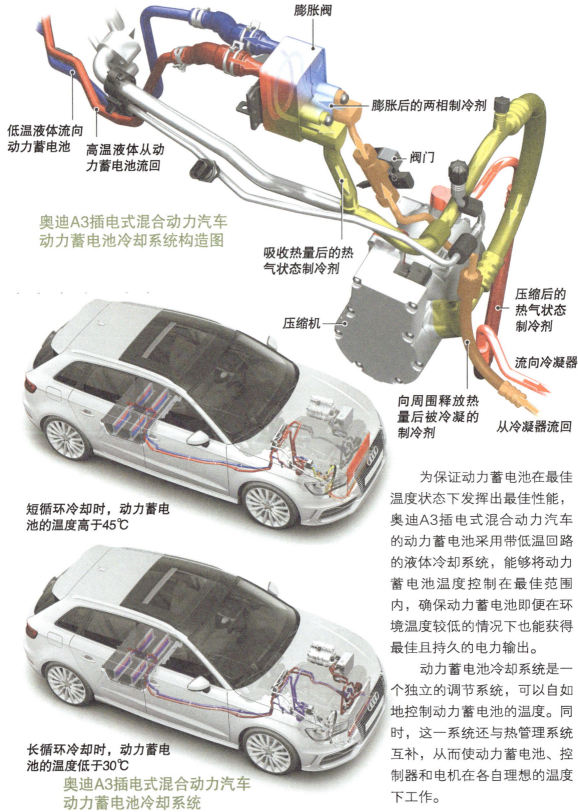

奥迪A3插电式混合动力汽车动力蓄电池冷却系统构造图

短循环冷却时，动力蓄电池的温度高于45℃

长循环冷却时，动力蓄电池的温度低于30℃

奥迪A3插电式混合动力汽车动力蓄电池冷却系统

为保证动力蓄电池在最佳温度状态下发挥出最佳性能，奥迪A3插电式混合动力汽车的动力蓄电池采用带低温回路的液体冷却系统，能够将动力蓄电池温度控制在最佳范围内，确保动力蓄电池即便在环境温度较低的情况下也能获得最佳且持久的电力输出。

动力蓄电池冷却系统是一个独立的调节系统，可以自如地控制动力蓄电池的温度。同时，这一系统还与热管理系统互补，从而使动力蓄电池、控制器和电机在各自理想的温度下工作。

奥迪A3 插电式混合动力汽车工作流程图

指针指向BOOST

指针指向READY

混合动力加速状态：急加速时，或驾驶人将加速踏板踩到底，或车速超过130km/h时，分离离合器自动接合，发动机参与工作，与电机一起驱动车辆加速前进

准备状态：电机和发动机都不工作，一切都在无声中，发动机和电机都不运转

指针指向CHARGE

指针指向 EFFICIENCY

滑行状态：当车辆滑行时，电机作为发电机工作，回收能量，为动力蓄电池充电，此时分离离合器断开，发动机不工作

恒速行驶状态：在车速低于130km/h且动力蓄电池电量充足的情况下，只有电机（作为电动机）参与工作，分离离合器断开，发动机仍然不工作

指针指向CHARGE

制动状态：当车辆制动时，电机作为发电机工作，回收能量，为动力蓄电池充电，此时分离离合器断开，发动机不工作

缓加速状态：如果加速踏板不踩到底，只是缓慢加速，则只有电机（作为电动机）参与工作，分离离合器断开，发动机不工作，此时为纯电加速状态

第8节　宝马i8插电式混合动力汽车图解

宝马i8是一款插电式混合动力跑车。一台1.5L三缸涡轮增压汽油发动机放置在车辆后部用来驱动后轴，最大功率170kW，最大转矩320N·m，并通过6速自动变速器向后轴传递动力；一台最大功率96kW的电机用来驱动前轴，最大转矩为250N·m，并通过2速自动变速器向前轴传递动力。通过发动机与电机的默契配合，宝马i8成为一款具有四驱功能的超级跑车，0-100km/h的加速时间仅4.4s，最高车速限制在250km/h（电子限速），最大续驶里程达到600km。

1.5L三缸涡轮增压汽车发动机

燃油箱

扫一扫，即可观看宝马i8插电式混合动力汽车构造视频

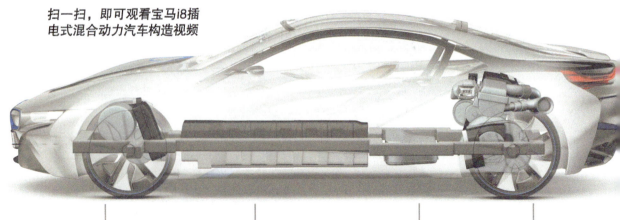

电机+控制器　　锂离子动力蓄电池　　燃油箱　　1.5L三缸涡轮增压汽油发动机+6速自动变速器

宝马i8插电式混合动力汽车构造示意图

第7章 插电式混合动力汽车

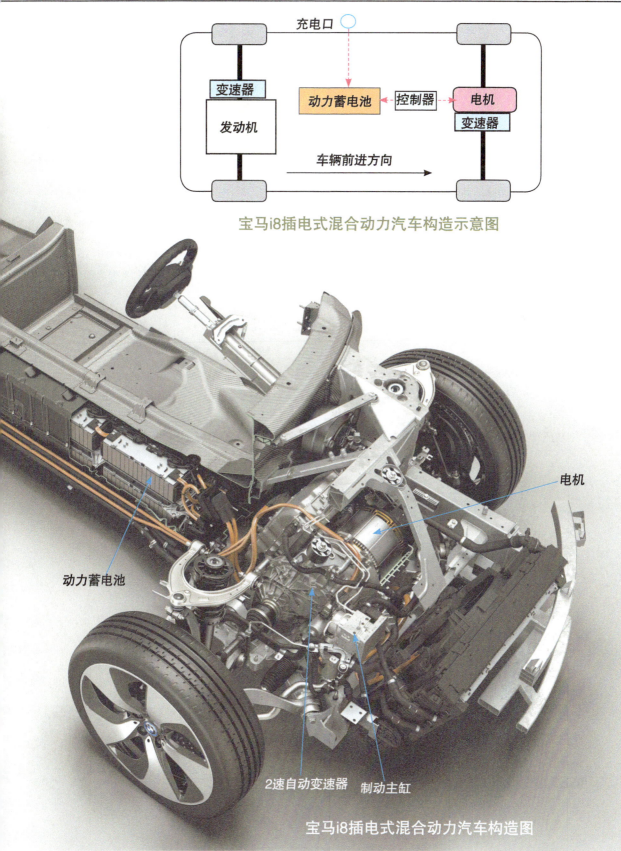

宝马i8插电式混合动力汽车构造示意图

宝马i8插电式混合动力汽车构造图

第9节 奔驰S500插电式混合动力汽车图解

奔驰S500插电式混合动力汽车搭载一台3.0L双涡轮增压V6发动机和一台电机,最大功率325kW,最大转矩为650N·m。纯电动行驶距离超过33km,0-100km/h加速仅需5.2s,百千米油耗仅为2.8L,最高车速为250km/h,纯电模式时最高车速为140km/h。

奔驰S500插电式混合动力汽车提供四种驾驶模式,包括"混合"(混合动力驾驶模式)、"E-MODE"(纯电动驾驶模式)、"E-SAVE"(给动力蓄电池充电,但是电机可以有限使用)和"充电"(动力蓄电池充电、汽油机驱动模式)。

奔驰S500插电式混合动力汽车利用充电桩或墙上充电盒(400V,16A),可以在2h内充满电;利用家庭电源(230V,8A)则可以在4.1h内充满电。

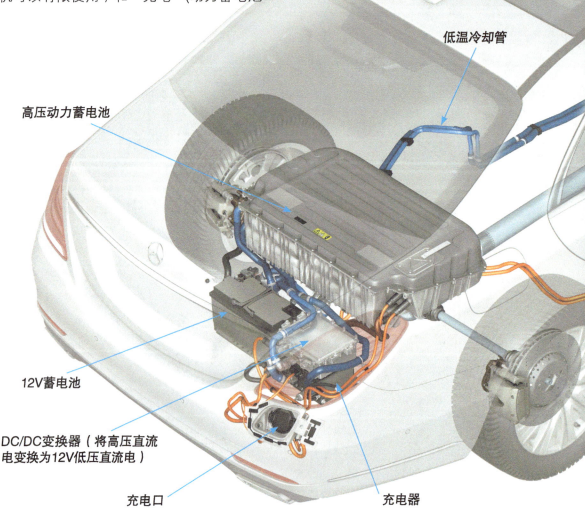

奔驰S500插电式混合动力汽车构造图

第 7 章 插电式混合动力汽车

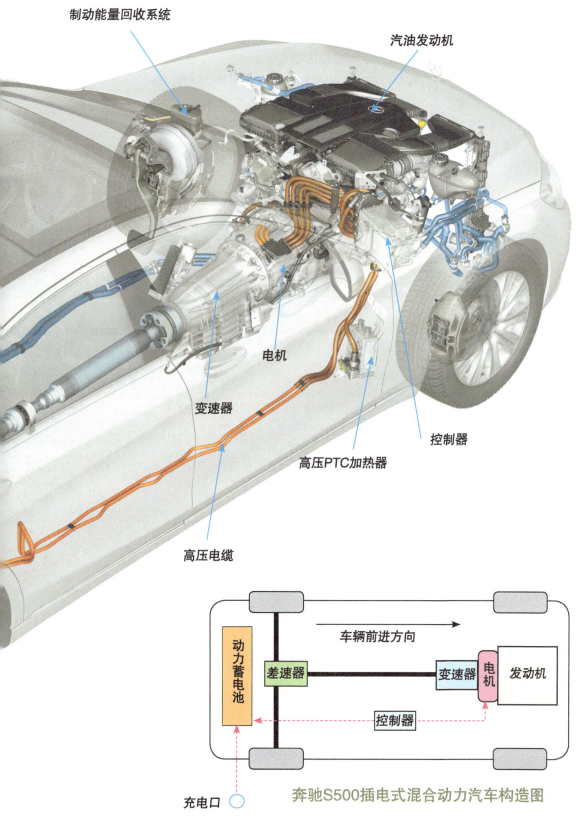

奔驰S500插电式混合动力汽车构造图

第10节 雪佛兰沃蓝达插电式混合动力汽车图解

2016款雪佛兰沃蓝达（VOLT）已是此车型的第二代，它配备了全新的1.5L发动机，最大功率为75kW，其主要作用是为车内的动力蓄电池充电。

锂离子动力蓄电池的容量从原来17.1kW·h增大到18.4kW·h，在120V电压下需要13h充满电，而在240V电压下则只要4.5h就可完成充电。

沃蓝达配备两台电机，当使用纯电动模式时可以行驶80km。在充满电并加满油的情况下，续驶里程达到644km。

发动机

控制器

雪佛兰沃蓝（VOLT）
插电式混合动力汽车构造图

第7章 插电式混合动力汽车

雪佛兰沃蓝达（VOLT）动力系统

雪佛兰沃蓝达插电式混合动力汽车动力系统

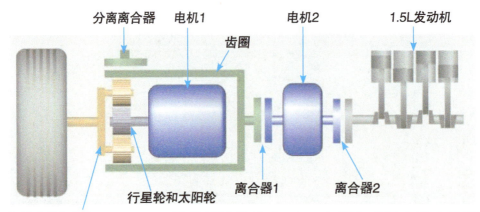

雪佛兰沃蓝达（VOLT）插电式混合动力构造图

雪佛兰沃蓝达车型电机构造图

雪佛兰沃蓝达（VOLT）Voltec混合动力模块

扫一扫，即可观看雪佛兰沃兰达（VOLT）汽车视频

雪佛兰沃蓝达混合动力系统工作流程图

EV纯电动低速模式：分离离合器接合，离合器1、离合器2分离，发动机停转。齿圈被固定，电机1推动太阳轮转动，行星架因太阳轮的转动而转动，把动力传输到减速齿轮并传递到车轮。

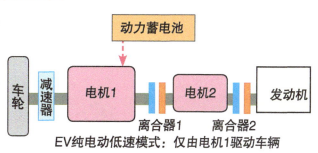

EV纯电动低速模式：仅由电机1驱动车辆

EV纯电动高速模式：离合器1接合，分离离合器、离合器2分离，发动机停转。电机2推动齿圈转动，电机1推动太阳轮转动。齿圈和太阳轮同时转动，带动行星架转动，把动力传到车轮。

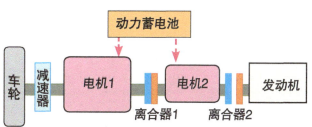

EV纯电动高速模式：两台电机共同驱动车辆

EREV增程电动低速模式：分离离合器、离合器2接合，离合器1分离，发动机运转并推动电机2发电为动力蓄电池充电；同时动力蓄电池为电机1供电推动太阳轮转动。由于齿圈固定，行星架跟随太阳轮转动，把动力传到车轮。

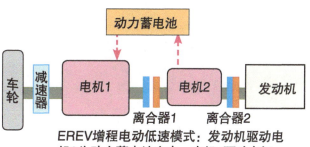

EREV增程电动低速模式：发动机驱动电机2为动力蓄电池充电，电机1驱动车辆

EREV增程电动高速模式：离合器1、离合器2接合，分离离合器分离，发动机运转。此时，发动机与电机2转子连接后推动齿圈转动，同时还推动电机2发电。电机1推动太阳轮转动。齿圈和太阳轮同时转动，带动行星架转动，从而把动力传到车轮。

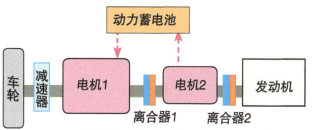

EREV增程电动高速模式：发动机驱动电机2为动力蓄电池充电的同时，与电机1共同驱动车辆

能量回收模式：分离离合器接合，离合器1、离合器2分离，发动机停转。车轮带动行星架转动，由于齿圈固定，太阳轮随着行星架转动，并带动电机1（作为发电机）发电对动力蓄电池充电。

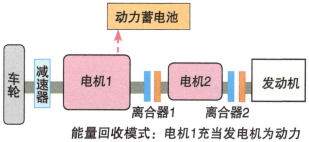

能量回收模式：电机1充当发电机为动力蓄电池充电

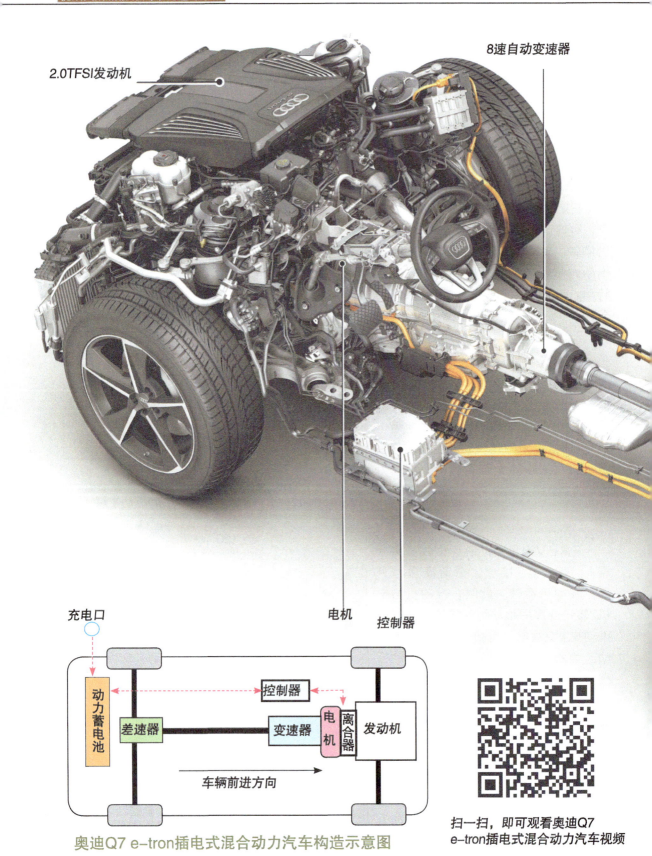

奥迪Q7 e-tron插电式混合动力汽车构造示意图

扫一扫,即可观看奥迪Q7 e-tron插电式混合动力汽车视频

第11节 奥迪Q7插电式混合动力汽车图解

从结构上看,奥迪Q7 e-tron 2.0 TFSI quattro插电式混合动力汽车与Q7相比,只是在发动机与变速器之间增加了一个混合动力模块,也就是一台电机与一个分离离合器组合,外加锂离子动力蓄电池,以及相关的控制器等。

奥迪Q7 e-tron 2.0 TFSI quattro插电式混合动力汽车配备四缸汽油发动机,最大功率185kW,峰值转矩高达370N·m。整合在8速tiptronic变速器中的盘形电机最大功率为94kW,峰值转矩高达350N·m。此车0-100km/h的加速时间仅为5.9s,百公里油耗仅为2.5L。

奥迪Q7 e-tron 2.0 TFSI quattro插电式混合动力汽车的纯电动续驶里程为53km,将动力蓄电池充满电仅需2.5h,加满油、充满电后的总续驶里程长达1020km。

奥迪Q7 插电式混合动力汽车动力系统

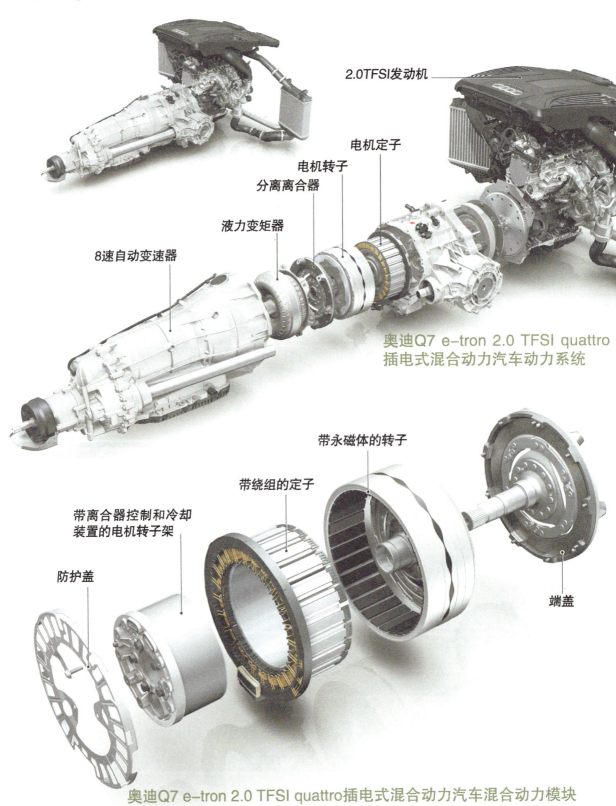

奥迪Q7 e-tron 2.0 TFSI quattro 插电式混合动力汽车动力系统

奥迪Q7 e-tron 2.0 TFSI quattro 插电式混合动力汽车混合动力模块

第 7 章　插电式混合动力汽车

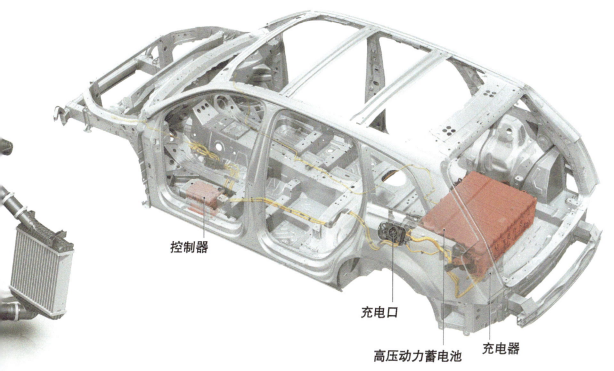

奥迪Q7 e-tron 2.0 TFSI quattro动力蓄电池位置

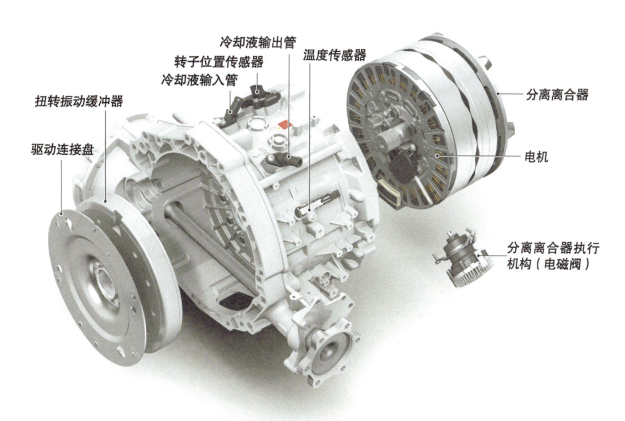

奥迪Q7 e-tron 2.0 TFSI quattro插电式混合动力汽车混合动力模块

第8章 燃料电池汽车

第1节 谁是燃料电池汽车

燃料电池汽车(Fuel Cell Vehicle,简称FCV)是一种用车载燃料电池产生的电力作为动力的汽车。

燃料电池是一种把氢氧化学能转化为电能的电化学设备。燃料电池装置通常使用高纯度氢作为燃料,但它不是直接燃烧氢,而是利用氢与空气中的氧发生化学反应而产生电能,用来驱动汽车前进。因此,燃料电池汽车也是一种纯电动汽车,只不过它不是采用外接电源为动力蓄电池充电,而是利用燃料电池在车上实时"发电"来为电机提供电能。因此,燃料电池汽车被称为"自带发电站"的汽车。

燃料电池的原理是1839年由威尔士物理学家威廉·格罗甫首先发现的。

燃料电池汽车构造示意图

第2节　燃料电池汽车是怎样奔跑的

　　燃料电池一般由燃料电池反应堆、储氢罐、蓄电装置（动力蓄电池或超级电容）、电机、电控系统等组成。储氢罐向燃料电池堆提供燃料氢，氢在燃料电池堆中与氧气进行电化学反应产生电，然后供电机使用，在电控系统的指挥下驱动汽车前进。当汽车制动或减速时，回收的能量可以储存在动力蓄电池或超级电容中，用来辅助驱动车轮。

　　与纯电动汽车相比，纯燃料电池汽车只是由燃料电池堆替代了外接充电电源，而动力传递和驱动部分基本一样。

　　燃料电池汽车也有多种形式，纯燃料电池汽车上没有储存电能的装置，但现在的燃料电池汽车都设有动力蓄电池或超级电容，以进行能量回收。带有动力蓄电池或超级电容的燃料电池汽车又称为燃料电池混合动力汽车。

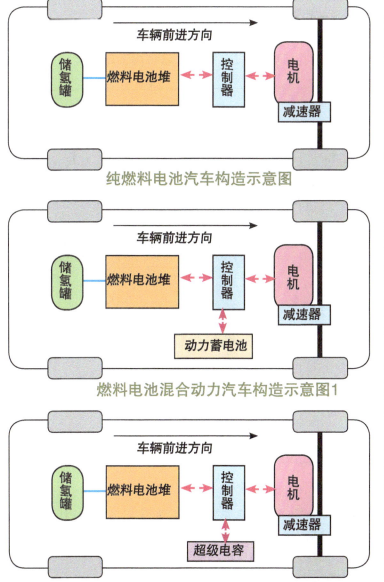

纯燃料电池汽车构造示意图

燃料电池混合动力汽车构造示意图1

燃料电池混合动力汽车构造示意图2

燃料电池汽车为什么要装备蓄电装置

　　既然已有燃料电池作为汽车的动力源，为什么还要再准备一个动力蓄电池或超级电容来储存电能呢？主要有两个原因：

　　1）动力蓄电池或超级电容可以用来储存减速或制动时回收的能量，而燃料电池本身没有储存电能的功能。

　　2）由于燃料电池是车载实时发电设备，当驾驶人踩加速踏板要急加速时，从控制器监测到加速信息，到燃料电池产生电能，再到电机接收到电力，都需要一个过程，从而造成"加速迟滞"现象，影响车辆性能。如果此时另有储存电能的动力蓄电池或超级电容及时为电动机提供电能，那么就可以克服燃料电池汽车的"加速迟滞"现象。

第3节 燃料电池是怎样发电的

燃料电池是一种不燃烧燃料而直接以电化学反应方式将燃料的化学能转变为电能的高效发电装置。其发电的基本原理是：电池的阳极(燃料极)输入氢气(燃料)，氢分子(H_2)在阳极催化剂的作用下被离解成为氢离子(H^+)和电子(e^-)；H^+穿过燃料电池的电解质层向阴极(氧化极)方向运动，电子因通不过电解质层而由外部电路流向阴极；在电池阴极输入氧气(O_2)，氧气在阴极催化剂的作用下离解成为氧原子(O)，与通过外部电路流向阴极的电子和燃料穿过电解质的H^+结合生成稳定结构的水(H_2O)，完成电化学反应放出热量。

$$2H_2+O_2=2H_2O$$

这种电化学反应与氢气在氧气中发生的剧烈燃烧反应是完全不同的，只要阳极不断输入氢气，阴极不断输入氧气，电化学反应就会连续不断地进行下去，电子就会不断地通过外部电路流动形成电流，从而持续地向汽车提供电力。

燃料电池与锂离子蓄电池等有迥然不同，虽然其结构也是由正极、负极和电解液构成，但它并不储存电能，不是"蓄电池"，而是"发电池"，它利用供给的燃料（氢）不停地发电。

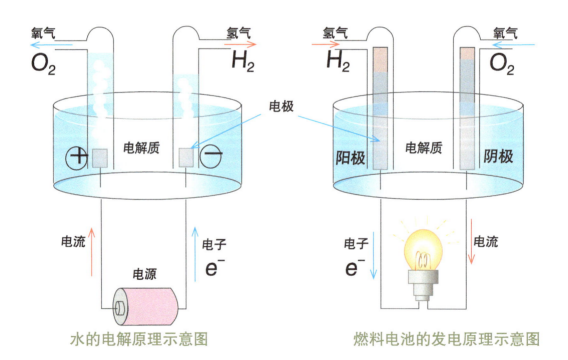

水的电解原理示意图　　　　燃料电池的发电原理示意图

为什么叫"燃料电池堆"

与锂离子蓄电池一样，燃料电池也是由单体电池组成。但每个单体电池的电压还不到1V，因此也需要将它们组合起来，形成一个总电压较高的"燃料电池堆"，这样才可以用来为电机供电。通常的办法就是根据车辆需要，将数百个单体燃料电池串联起来，从而组成总电压高达数百伏的燃料电池。

第8章 燃料电池汽车

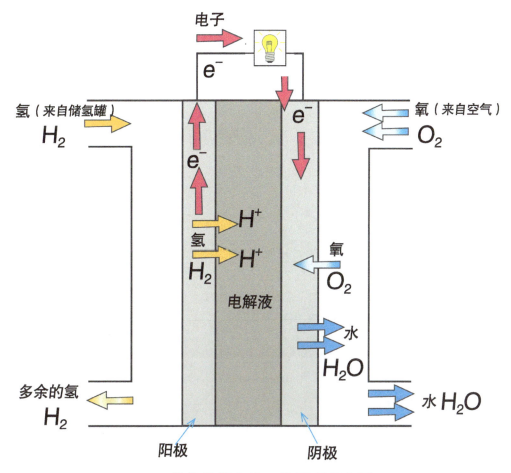

单体燃料电池工作原理示意图

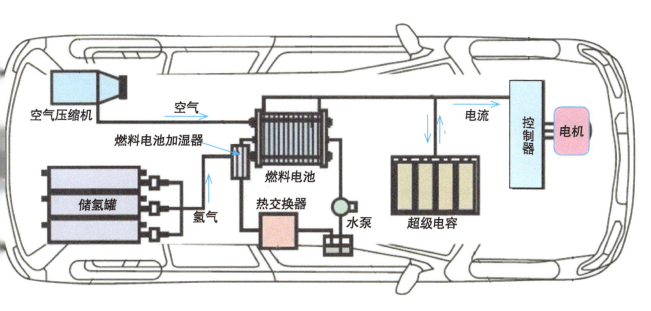

燃料电池汽车构造与工作原理示意图

第4节 丰田Mirai燃料电池汽车图解

丰田Mirai是世界上真正量产销售的第一款燃料电池汽车。Mirai上实际有两套电池。一套位于车身中部，为高分子电解质燃料电池组，是整车的核心部件，负责使氢气和氧气在催化剂的作用下产生电能；另一套为镍氢动力蓄电池，位于行李舱下面，它可以储存燃料电池发的电，负责为车内电气设备供电以及保障低速时的纯电动运行。此外，能量回收系统也将减速和制动时回收的能量储存到镍氢动力蓄电池中。由于没有真正的能源燃烧，Mirai的氢气能量转化效率达到了60%，比传统内燃机高一倍。在整车性能方面，燃料电池最大输出功率为114kW，功率输出密度为3.1kW/L。Mirai配置了一台交流同步电机，最大输出功率为113kW，峰值转矩为335N·m，其转矩表现接近2.0T发动机。

Mirai的续驶里程达到650km，同时完成单次氢燃料补给仅需约3min。

Mirai转身变成微型发电站

Mirai允许用户通过外接馈电装置，将电能转出。Mirai配置的电能供应系统最大可储存60kW·h的电量，最大电能输出值为9kW，这样可以使Mirai瞬间成为一个微型发电站。通过电源转换接口，还可以将电能转换为交流电输出，从而可以供照明、便携式计算机、手机等消费类电子产品使用。

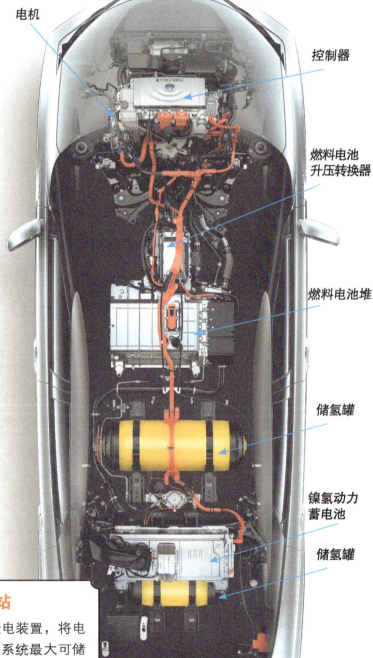

丰田Mirai燃料电池汽车构造图

第8章 燃料电池汽车

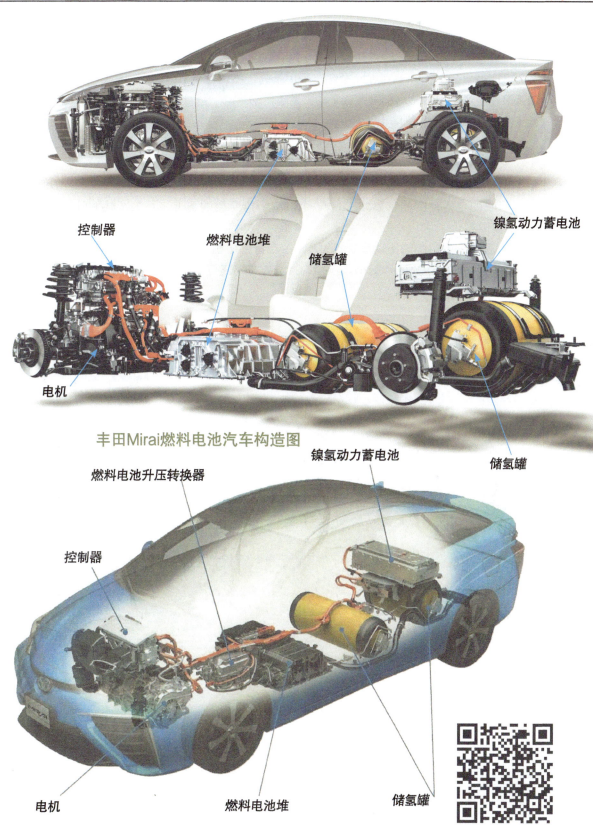

丰田Mirai燃料电池汽车构造图

丰田Mirai燃料电池汽车构造图

扫一扫，即可观看丰田Mirai燃料电池汽车视频

第5节　奥迪A7 Sportback燃料电池汽车图解

奥迪A7 Sportback h-tron quattro概念车采用一前一后两台电机分别驱动前轴和后轴。而且在车前部装置了燃料电池，后部则装置了动力蓄电池。

燃料电池由300多个单体电池组成，总电压为230~360V。在燃料电池模式下，车辆仅需大约1kg的氢就能行驶100km，产生的能量相当于3.7L汽油，加满4个储氢罐（大约5kg的氢气），只需要3min，与汽油车的加油时间相差无几。

后面的动力蓄电池可以通过外接电源进行充电，也可以储存燃料电池的电能以及制动和减速时回收的电能，它的容量为8.8kW·h，位于行李舱的下方，可为车辆额外提供大约50km的续驶里程。

一前一后两台电机的输出功率都是85kW，在两台电机的共同作用下，车辆的最大转矩可达540N·m，从静止加速到100km/h仅需7.9s，最高车速可达180km/h。

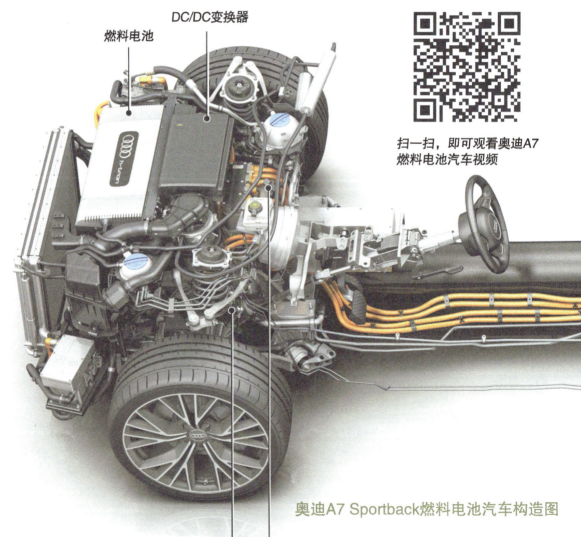

扫一扫，即可观看奥迪A7燃料电池汽车视频

奥迪A7 Sportback燃料电池汽车构造图

第8章　燃料电池汽车

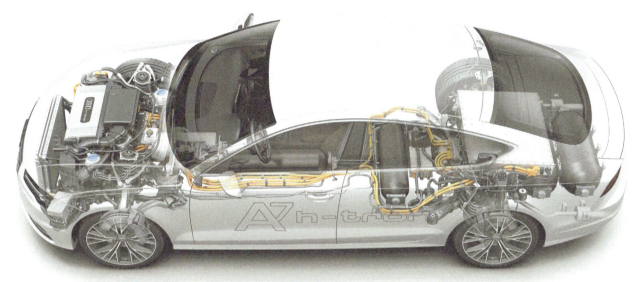

奥迪A7 Sportback燃料电池汽车

加氢口
动力蓄电池
储氢罐（4个）
后电机控制器
后电机驱动电桥
充电连接口

奥迪A7 Sportback燃料电池汽车动力系统

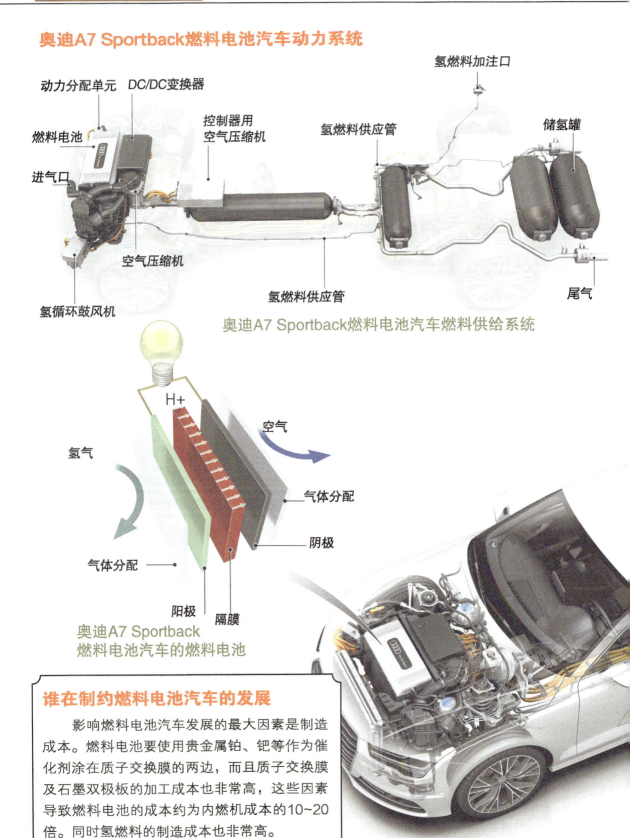

奥迪A7 Sportback燃料电池汽车燃料供给系统

奥迪A7 Sportback燃料电池汽车的燃料电池

谁在制约燃料电池汽车的发展

影响燃料电池汽车发展的最大因素是制造成本。燃料电池要使用贵金属铂、钯等作为催化剂涂在质子交换膜的两边,而且质子交换膜及石墨双极板的加工成本也非常高,这些因素导致燃料电池的成本约为内燃机成本的10~20倍。同时氢燃料的制造成本也非常高。

第8章 燃料电池汽车

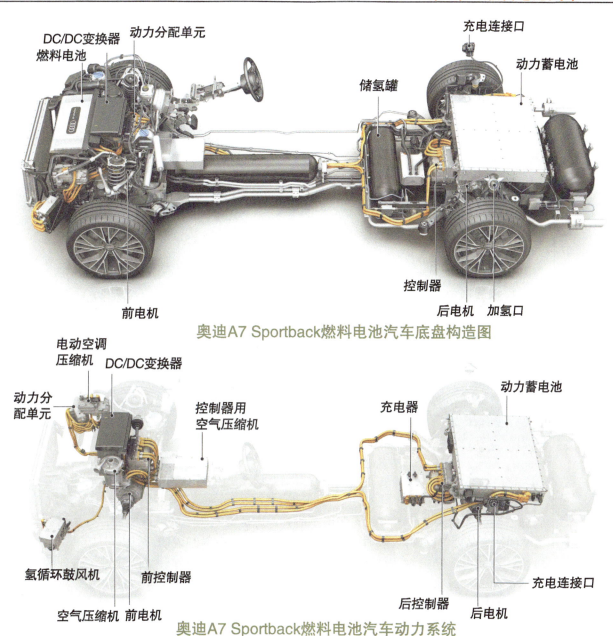

奥迪A7 Sportback燃料电池汽车底盘构造图

奥迪A7 Sportback燃料电池汽车动力系统

奥迪A7燃料电池汽车加氢口

第9章 电动汽车驾驶与维护

第1节 怎样驾驶电动汽车

怎样使用电动汽车

首先，要认真阅读电动汽车的《使用手册》，这是电动汽车的特殊配置，有关驾驶和使用该车的注意事项、出现问题时的处理办法等，上面都有详细说明。

其次，要明白电动汽车与传统燃油汽车有很多不同，包括驾驶方法和维护修理的特殊性，不可按对待燃油汽车的方法来对待电动汽车。例如：电动汽车行驶时噪声极小，遇到行人要多加注意；电动汽车比较怕水，在雨雪天气使用时更要注意。

第三，注意从仪表板观察续驶里程、动力性能等，如果感觉到异常现象，如续驶里程突然缩短、动力性能衰弱等，应及时到4S店进行检查。

怎样起动和驾驶电动汽车

在起动和驾驶电动汽车时，一定要注意到它与燃油汽车的不同，具体有三点要注意：

1）**电动汽车无声起动**：当驾驶人将钥匙转到起动档或按下起动按钮时，电动汽车是没有声音的，电机并没有因此开始运转。只要驾驶人不踩加速踏板，电机就不会开始工作。这点与燃油汽车不一样，燃油汽车在将钥匙转到起动档或按下起动按钮时，发动机就开始运转并发出噪声。

2）**电动汽车悄悄前进**：当电动汽车行驶时，或插电式混合动力汽车以纯电模式行驶时，汽车发出的噪声极小。而国内道路交通状况极为复杂，混行道路较多，因此遇到行人、骑自行车者等，要尽量离他们远一些，必要时可鸣喇叭示意。

3）**电动汽车轻加速、缓制动**：电机的初始转矩就是最大，因此在起步或加速时没必要猛踩加速踏板，否则只能适得其反，浪费电能；当需要减速时，也不要着急踩制动踏板，可以充分利用制动能量回收系统，让电机反拖车辆减速，不仅更安全，而且可以为动力蓄电池充电。

第2节　怎样为电动汽车充电

电动汽车的快充和慢充分别需要多长时间

电动汽车的动力蓄电池都是直流蓄电池。快充是直流供电，因此可以直接对动力蓄电池充电，一般半小时可充至动力蓄电池容量的80%；而慢充为交流供电，要经过充电器才能对动力蓄电池充电，因此其充电速度要慢一些，一般需要6~8h才能充满。

什么时候为电动汽车充电比较合适

在车辆实际使用过程中，为防止动力蓄电池过量放电，建议电量有剩余时即可充电，即随用随充、浅充浅放对动力蓄电池的使用效果更好。以北汽电动汽车为例，当电量指示灯亮黄灯时（低于40%），就应充电；亮红灯时（低于20%），则应尽快充电，否则动力蓄电池过度放电会严重缩短其寿命。

怎样给电动汽车充电

各品牌电动汽车的充电方式相差不大，本书以北汽新能源纯电动汽车E150为例说明。

1）**连接方法**：将车辆停放好后关闭钥匙锁止，打开充电口盖，此时电机转速表上的充电指示灯点亮。充电过程中电机转速表中的充电指示灯一直处于点亮状态，只有拔下充电插头并关闭充电门板之后，充电指示灯才会熄灭。先将充电电缆与充电桩连接，再将弯头充电枪与车辆端连接。

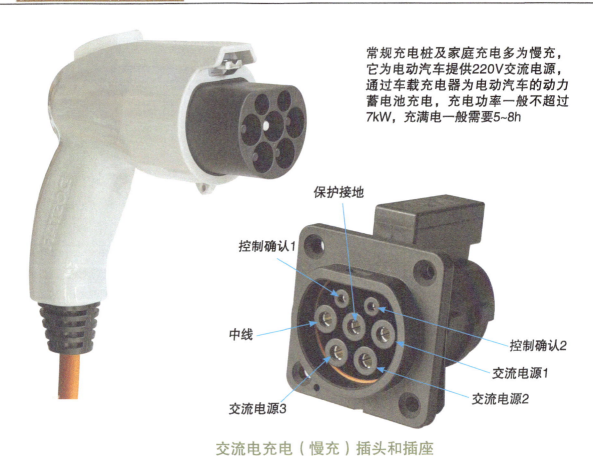

常规充电桩及家庭充电多为慢充，它为电动汽车提供220V交流电源，通过车载充电器为电动汽车的动力蓄电池充电，充电功率一般不超过7kW，充满电一般需要5~8h

交流电充电（慢充）插头和插座

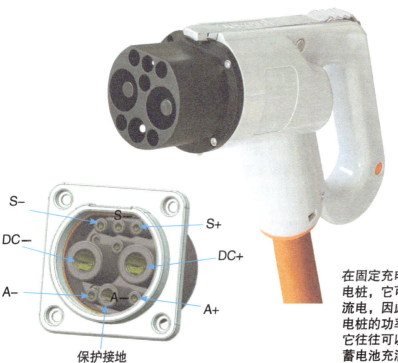

在固定充电站内，一般都设有快速充电桩，它可以直接向电动汽车充入直流电，因此又称直流充电桩。直流充电桩的功率为几十到几百千瓦，因此它往往可以在1h内将电动汽车的动力蓄电池充满。快充对动力蓄电池寿命有一定影响，尽量作为慢充的补充形式使用

直流电充电（快充）插头和插座

2)充电过程:将充电电缆与充电桩、车身充电口连接好后,在充电桩操作区刷卡设置充电模式并起动充电,此时车载充电器开始为车辆充电。

3)断电方法:满电断电后先断车身端充电枪,再断开充电桩端充电插头。

4)充电时间:慢充方式6~8h即可充满电,快充方式1h即可充到动力蓄电池容量的80%以上。

车辆是否每天都需要充电

1)现在的锂离子动力蓄电池本身不具备记忆功能,原则上建议车主及时充放电,这样可保持动力蓄电池较好的放电能力。冬季使用完毕后及时充电可确保动力蓄电池处于一个较高的温度,可减少充电加热时间,从而有效缩短充电时间。

2)如果车辆需要长期停放,建议动力蓄电池电量在50%~80%时进行停放,因为动力蓄电池具有自放电特性。根据试验,停放1个月会有4%~5%的电量消耗。因此,建议每隔1~2个月对动力蓄电池进行一次充放电,避免长期停放造成动力蓄电池性能下降。

3)当动力蓄电池电量接近30%时,建议及时补电。如果车辆在电量低于10%的状态下行驶,则可能会进入限速模式;如继续行驶则会造成动力蓄电池过度放电,对动力蓄电池性能会造成不良影响。

雨天出行要注意什么

1)涉水深度不要超过《使用手册》上要求的深度,一般要求涉水深度不超过15cm,超过15cm积水将没过动力蓄电池箱底部,可能造成动力蓄电池进水而无法行驶,进水后可能会造成动力蓄电池损坏。

2)雨天路滑,尽量放慢车速行驶,防止车辆侧滑造成事故。

3)大雨、暴雨天气尽量减少出行,防止路面积水过深超过动力蓄电池箱高度,进而引发动力蓄电池故障。

4)涉水前,一定要充分了解路况,将车速降到20km/h以下通过。

第3节 怎样维护电动汽车

冬天和夏天开空调行驶，续驶里程是否会减少

电动汽车直接由动力蓄电池给空调压缩机和PTC加热器供电，所以当开启空调和暖风时，会对电动汽车的续驶里程有影响。不同的电动汽车情况会有所不同。以一辆夏天综合工况续驶里程160km的电动汽车为例，冬天动力蓄电池会受气温影响续驶里程减少10%~20%，相当于20~30km，即续驶里程约为130km；开空调或暖风，续驶里程会下降5%~10%，相当于8~15km。

堵车会不会影响电动汽车的续驶里程

相比汽油车堵车时怠速油耗较高，纯电动汽车在静止时无怠速，所以没有能耗，且制动时电机能自动进行能量回收，因此电动汽车在堵车时对其续驶里程影响不大。

车辆行驶中没电时怎样拖车

拖车时，一定要将电动汽车挂入空档，否则反拖电机，会造成电机和控制器烧毁。

续驶里程与停车时显示的里程数不一致是否正常

重新起动车辆后，仪表板显示的续驶里程数与停车时显示的里程数不一致，属于正常现象。车辆上电后会重新计算续驶里程，对下电之前的行驶工况进行重新修正，因此导致重新上电后仪表板显示的续驶里程数与下电前的续驶里程数存在差异，该差异会在行车过程中逐步恢复到与实际一致。

使用电动汽车会触电吗

电动汽车虽然由高压动力蓄电池提供动力来源,但由于该高压电局限于车辆内部动力蓄电池和高压用电器之间,高压与低压及车体之间完全隔开,即使触碰也不会在人和车体或大地之间形成回路,因此不会出现"触电"问题。

怎样对车辆进行日常维护

1)车辆进行日常外观养护及机舱内清洁时,应首先关闭点火开关,并拔出钥匙。擦拭时不得使用潮湿的抹布接触高压部件,如充电机、高压控制插头、高压电缆线束插头。确有必要清洁时,应在关闭点火开关10min后进行,并尽量单手擦拭。

2)洗车时,使用高压水枪对车身表面、轮辋、轮胎进行冲洗不会造成触电、漏电等问题,但由于很多电动汽车的快充口安装在前格栅处,因此,在洗车时应尽量避免用高压水枪直接对准前格栅冲刷。动力蓄电池安装在车身的底部,高压水流的冲击可能会造成水渗入动力蓄电池箱而影响绝缘,因此也应避免冲刷底盘。

3)机舱内布置了很多高压设备,因此禁止掀开机舱盖冲洗,否则会造成高压部件各插接器受潮,导致车辆出现绝缘故障,无法行驶。

第4节 怎样选购新能源汽车

新能源汽车的品牌和车型越来越多,在选购时我们要考虑的因素非常多,但下面三方面应为重点考查内容。

厂商和品牌

选购新能源汽车与选购其他汽车一样,第一步就是先看厂商和品牌,要重点考虑专业制造新能源汽车的厂商,尽量考虑制造新能源汽车时间更长的厂商。因为相对而言,它们的产品品质更有保证,售后服务网点也更多,维护修理服务可能也更完善。

技术和性能

要考虑新能源汽车的技术水平和性能指标。新能源汽车毕竟是新鲜事物,其技术水平参差不齐,因此应尽量选择技术水平更高、综合性能更好的车型。这里主要应考虑三点:

1)续驶里程。其实每款新能源汽车的续驶里程都可以达到五六百千米,只要增加动力蓄电池即可,但这样就会增加车身重量、充电时间和制造成本,因此,尽量选择对你来说"够用"的续驶里程即可。如果你主要在城区使用,每天基本也就100km,那么续驶里程160km就足够了。如果你每天行驶里程超过200km,那么尽量选择续驶里程300km左右的电动汽车。

2)充电方式和充电时间。根据自己的使用条件,看你是否能接受该款新能源汽车的充电方式和时间,适用的充电条件是否宽泛和便利。

3)加速性能、制动性能和操纵性能等,可以通过实际试驾来体验,看是否满足自己的需求。

销量和价格

如果真不知道选哪款车型,可以到网上查一下近期新能源汽车的销量,尽量选择销量和保有量较大的新能源汽车。众所周知,销量较多的车型基本都是各方性能都较好、品质有保证的车型。另外,现在新能源汽车的补贴政策很多,可以计算下候选车型的最后实际支付价格,然后根据自己的能力和使用需求进行选择。需要说明的是,新能源汽车的售价往往与它的续驶里程息息相关。续驶里程越长的新能源汽车,其售价也越高,应根据自己的实际需求进行选择。